LA SPIRALE DU BONHEUR

DU MÊME AUTEUR

Aux Éditions Albin Michel

LES AVENTURIERS DE L'ESPRIT, 1979
LA PARAPSYCHOLOGIE ET VOUS, 1980
CORPS VIVANT, 1983
LA FEMME SOLAIRE, 1992
LA SAINTE FOLIE DU COUPLE, 1994
LA BRÛLANTE LUMIÈRE DE L'AMOUR, 1997
LES HOMMES SE TRANSFORMENT, 1999
BIENHEUREUSE INFIDÉLITÉ, 2003

Chez d'autres éditeurs

L'ENFANT-SOLEIL, Belfond, 1973
LE MANUEL DE LA VIE NATURELLE, en collaboration avec Claude Barreau, Belfond, 1985
LE LIVRE DES POSSIBILITÉS, en collaboration avec André Bercoff et Nicolas Devil, Robert Laffont :
Tome I : TOUT
Tome II : UN-NU
Tome III : NOUS
LA MAGIE DE LA PERLE NOIRE, Times Editions, 1987
JE PEUX CHANGER, Dervy, 2000

Paule Salomon

LA SPIRALE DU BONHEUR

Albin Michel

L'auteur remercie Michel Larzul pour l'élaboration et le graphisme des Roues de la transformation.

Préface

Dans mes précédents ouvrages, j'ai surtout abordé les identités féminine et masculine, le couple, l'amour et la spiritualité tantrique, mais il est un thème sur lequel j'ai toujours mené parallèlement une recherche de fond et que j'intitulerais : « Devenir le créateur de sa vie ». Car je considère que l'ensemble de la société a besoin aujourd'hui qu'on s'en préoccupe. Un décalage s'est créé entre la culture, la mentalité dont nous héritons et les moyens dont nous disposons. L'ouverture des possibles véhiculés par le mental appelle en chacun d'entre nous le concours de notre conscience éclairée puis éveillée, et le développement de l'équilibre sexe-cœur-tête.

On retrouvera ici tout ce que je dois à la psychologie humaniste née aux États-Unis : pendant des années, ont agi en moi les idées d'Essalen, la gestalt, l'analyse transactionnelle, le rebirth, les écrits d'auteurs comme Rogers, Perls, Grof, Stone, Erickson, Lowen, Watts, Orr... J'ai par ailleurs cheminé avec le *Yi-King*, les cent douze méditations tantriques, et je suis une fille de Nietzsche qui aime Rumi... Jamais notre humanité n'a disposé d'une telle synthèse entre l'Orient et l'Occident, d'un tel éclairage sur la vie intérieure. Au point que je ne connais personne à qui quelques jours d'immersion dans un groupe d'intériorisation ne puissent apporter ces quelques grammes d'essentiel qui le propulseront vers une évolution de sa conscience.

Depuis une quinzaine d'années, j'anime des groupes, et chaque stage est une aventure, chaque année semble plus fertile que la précédente. La fleur éclôt pétale après pétale, elle est de plus en plus épanouie mais c'est bien de la même fleur qu'il s'agit. Celle que Jung nommait la Fleur d'or au centre du mandala, ou encore le « Soi ». La reliance du moi au Soi a un sens spirituel en dehors de toute obédience.

L'émergence de l'individualité se fait aujourd'hui de manière anarchique : les religions n'apportent plus suffisamment de support pour la vie intérieure, et les structures sociales sont en pleine mutation. Chacun doit penser par lui-même sans avoir les données suffisantes pour le faire. Chacun hérite d'un certain nombre de handicaps de civilisation, de manières de vivre, de se nourrir, de consommer, d'entrer en relation avec les autres qui ne conduisent pas à la création d'une vie heureuse. Comment ne pas se laisser piéger par une existence tendue vers l'effort et désertique, aliénante et désespérante, consommatrice et vide ?

Comme autrefois la morale à l'école, le développement personnel apporte une dimension éthique qui s'enracine dans l'être. Ce n'est ni une psychothérapie ni une psychanalyse. Il s'adresse à tout un chacun, il se pratique comme une hygiène émotionnelle et mentale. Toute la société en a soif. Il est temps que la relaxation, la respiration consciente, le respect de soi et de l'autre, la gestion du conflit, la conscience de la force du langage, le mécanisme des projections soient enseignés, dès le plus jeune âge.

J'espère par ce livre susciter le désir de faire l'expérience d'un parcours de libération et de conscience.

Vivre « à fleur de soi »

Se sentir différent, et pourtant intégré socialement, nourrir une aspiration à la vie intérieure et se retrouver chaque jour dans des rythmes stressants pour parvenir à assumer vie familiale, vie professionnelle, vie culturelle et parfois vie associative, nous sommes très nombreux à expérimenter cette difficulté d'être à la fois dans le monde de l'amour et dans le monde de l'exploitation. Nous sommes porteurs de nouvelles valeurs et nous avons l'impression de les trahir ; nous changeons, nous incarnons plus d'ouverture, et à l'occasion d'un revers nous régressons ; nous sommes confiants, et nous avons peur ; nous expérimentons d'autres manières de vivre, de manger, de nous distraire, de communiquer et d'aimer, et nous tentons cependant de maintenir le lien avec le passé et avec nos familles.

Déjà de nombreuses valeurs qui touchent à la nourriture saine, à l'environnement, à l'aide aux autres trouvent un écho dans la société actuelle. Néanmoins nous sommes toujours dans un temps de passage, un « entre-deux », et il nous faut en tenir compte pour développer une sensibilité toujours plus vibrante, joyeuse, vitale.

Comment cette nouvelle sensibilité peut-elle s'incarner au quotidien, se fortifier ?

En cessant de se penser différent, en osant exercer

sa force de rayonnement, en la reconnaissant et en la fertilisant avec les autres. Vivre à fleur de soi, c'est ainsi vivre au contact de son centre et le laisser inspirer tous les actes, toutes les décisions.

Mais comment vivre en lien avec le Soi, avec la sagesse intérieure et ressentir son âme vivante ? De quelles prises de conscience, de quels outils de développement disposons-nous pour éclore à nous-même ?

Le développement individuel ne constitue que les premières marches ; il est suivi d'un dépassement, d'une compréhension globale inspirée par le désir d'amour. Vivre à fleur de soi, c'est « être libre dans une nécessité pleine d'amour » où la dépendance devient liberté et don de soi. Le « je vis » devient « cela me vit ». À fleur de peau, à fleur de soi, l'intérieur et l'extérieur communiquent. Plus le corps est vibrant, plus il délivre des pensées simples.

« Connais-toi toi-même »

Cette phrase apprise par des milliers d'écoliers par le monde doit cesser d'être un vœu pieux et entrer dans une pratique quotidienne. Un art de l'être est en train de naître mais le chemin de transformation n'est pas encore bien balisé. Beaucoup de gens souffrent confusément de ce qu'ils sont avec eux-mêmes et avec les autres, beaucoup ont l'impression de tourner sans cesse sur un manège qui n'a rien d'enchanté et souhaiteraient tout arrêter, changer de vie. Mais ils ne savent pas quoi faire et où commencer. Ils se sentent démunis, désemparés, épuisés par leurs souffrances et sans recours jusqu'à ce qu'une lecture, un ami, une conférence, leur laisse espérer une possibilité de sortir de l'ornière.

Nous pouvons attendre pour décider d'un changement que notre corps hurle une souffrance physique, qu'un décès ouvre en nous une blessure affective, qu'un échec nous déstabilise, qu'un ouragan détruise notre maison... Mais nous pouvons aussi anticiper ces états d'urgence et simplement écouter en nous la voix qui nous demande instamment de donner un sens à notre vie. Quelque chose en nous sait. Nous sommes porteurs d'un noyau de sagesse. Il nous faut le contacter et lui faire confiance.

Le vertige du rien

Je m'interroge parfois sur le peu d'intérêt que soulèvent en moi les livres plébiscités par la presse, les films à fort battage médiatique. Je n'y trouve rien d'essentiel, rien qui concerne ce qui m'arrive, ce que je découvre, ce qui m'habite. Cette culture que nous pourrions qualifier d'officielle ou de dominante ne me paraît pas collaborer au changement de notre époque. Il est possible qu'elle le freine. Elle procède d'un souci de distraction qui peut paraître dérisoire ou aliénant. En même temps je comprends qu'une culture même passéiste et conservatrice apporte un peu d'allégement dans une vie de pesanteur. Mais plus on avance vers soi-même et moins on accepte de se laisser déposséder de son histoire et de sa vie par des ersatz de culture.

Beaucoup d'humains se sentent agis, précipités dans une série d'actions qui servent la logique sociale. Il leur paraît préférable de se remplir avec tout ce qui passe que se retrouver seuls et inactifs. Certains sont ainsi très performants ; ils répondent à des critères extérieurs de réussite financière, et même affective et familiale, et pourtant, intérieurement, ils se sentent misérables et creux. Ils n'habitent pas leur enveloppe, ils ne dialoguent plus avec leur âme, ils ne l'irriguent plus par leurs actes. Cette coupure fondamentale entraîne des états dépressifs et un cortège de maux psychosomatiques qui tentent à leur manière de régler le problème.

Si quelqu'un tourne sur sa périphérie sans liaison avec le centre du cercle qui représente son Soi, ses actes se vident de leur substance. Il ne suffit pas de reconnaître cette situation pour la changer mais la prise de conscience du processus a quand même son utilité. Elle alimente l'audace de changer.

Le vide potentiel nous effraie terriblement, ce qui explique que nous soyons précipités dans la fuite et les distractions. Contacter son Soi révèle la dimension du vide. Souvent nous préférons nous remplir avec tout ce qui passe à notre portée que de nous retrouver seuls et inactifs. Le vertige du rien est insupportable comme la mort.

Travailler sur soi

Contacter son Soi, c'est accepter d'aller à l'intérieur, qui est fait à la fois de vide et de plein, assumer son incomplétude, son manque.

Nous naissons dans un sexe, nous portons comme une moitié du monde le masculin pénétrant ou le féminin réceptif. Selon que nous sommes homme ou femme, notre corps nous enseigne un psychisme ou un autre, mais tout au long de notre vie nous tentons d'intégrer la polarité opposée et complémentaire, de réunifier en nous l'actif et le passif, le masculin et le féminin. Se réaliser, c'est permettre l'existence de ce mariage intérieur, pacifier son couple intérieur, s'ouvrir à l'amour et à la vie du cœur.

Dans les stages que j'anime, le Soi, le centre de l'être, est représenté par un espace où sont déposées trois bougies, deux statues d'homme et de femme en méditation et un bouquet de fleurs qui symbolise la nature. Cet espace dans la pièce est sacré dans la mesure où les participants le considèrent comme tel. Personne n'est censé s'asseoir devant l'autel, qui reste un espace ouvert. Pendant toute la durée du stage chacun peut y déposer des offrandes, un objet, un vœu, une requête.

Tous les participants sont invités dès le début du stage à inscrire sur un papier, de la manière la plus concise possible, ce qu'ils attendent de ces journées. Il est très important que chacun définisse ainsi ses attentes et les dépose. De manière à la fois consciente et inconsciente, elles vont travailler avec lui. Plus la personne aura l'opportunité de se rapprocher d'elle-même et plus son pouvoir créateur grandira, plus son souhait aura de chances d'être exaucé. Il s'agit d'un acte de magie active. Notre inconscient se met en lien avec notre désir. Mais il n'est pas toujours aisé de formuler ce désir. Et il faut aussi avoir conscience que tous les désirs ne sont pas destinés à être exaucés : ils font partie de notre imaginaire et d'une exploration des possibles qui ne sont pas tous actualisés sans dommage.

Il y a des risques derrière les changements ; dans quelle mesure suis-je prêt à prendre ces risques ? Une partie de moi se satisfait de ce qui existe et souhaite en rester là. Au cours du stage, chacun apprend à tenir compte de ces contradictions. Elles représentent un état avancé de la conscience, la mise à jour d'un plan d'évolution. Supporter la tension d'une chose et son contraire, c'est accepter un inconfort fertile.

Pourquoi trois bougies ? La bougie du milieu représente le troisième terme qui peut naître éventuellement de la tension des deux autres. Il y a bien longtemps que le tao nous parle de la voie du milieu. Il nous faut la découvrir au concret de notre vie. Une sagesse parle à travers ces trois flammes qui brûlent. L'appui du symbole aide à déclencher la réponse intérieure. Vulnérable d'un côté, invulnérable de l'autre, je suis l'un et l'autre, ce qui me conduit à être dans le « un » avec ma bougie du milieu, pour sortir de la dissociation. Dépendant d'une part, indépendant de l'autre, il me reste à chercher l'autonomie, à me planter dans ma solitude solidaire. Créateur de ma vie d'une part et manipulé de l'autre, dans la voie du milieu je suis responsable du sens que je donne à tout ce qui m'arrive, lâcher-prise et volonté créatrice se conjuguent. Nous sommes des êtres de l'unité, nous portons une profonde nostalgie de cette unité dans un monde de dualité. La conscience collective se présente à la fois comme matérialiste et en quête de sens, avide d'argent et avide de spiritualité, aliénée et éprise de liberté, sécuritaire et aventureuse, laborieuse et jouisseuse. Le voyage vers soi-même est un difficile parcours au pays des contradictions, par-delà le bien et le mal dans la recherche de ce qui est juste pour une personne donnée.

Le troisième terme n'est pas destiné à supplanter les deux autres. Les religions privilégiaient l'être, encadré des deux pôles du masculin et du féminin. Pour nous aujourd'hui l'accomplissement, le processus de libération, consiste à accepter l'existence des trois pôles et à passer de l'un à l'autre. Parfois je suis dans mon masculin actif, parfois dans mon féminin réceptif ; et enfin parfois je suis dans l'être, ne sentant plus ni mon masculin ni mon féminin. Potentiellement ils sont toujours là. Les trois mondes se nourrissent mutuellement au lieu de s'opposer et de s'exclure.

Diriger sa vie au lieu de la subir

Pourquoi certains ont-ils la sensation de diriger leur vie, alors que d'autres gémissent et se pensent les victimes d'un scénario qu'ils n'ont pas écrit ? Il y aurait donc d'un côté les maîtres, les élites, les exploitants, et de l'autre côté les victimes, les esclaves, les exploités. La société a longtemps fonctionné de cette manière en proposant des identités sociales qui constituaient un ordre de bon fonctionnement. De la même manière, elle proposait à l'humanité un partage des rôles entre les hommes maîtres et les femmes servantes.

De nombreuses personnes n'expérimentent que le pôle victime, d'autres ne retiennent de leur histoire que le pôle gagnant. Dans l'un et l'autre cas il y a comme un arrêt sur image, comme un blocage de point de vue. Ne sommes-nous pas plutôt alternativement l'un et l'autre dans diverses circonstances de notre vie et ne faut-il pas se méfier des affichages tonitruants ? Toute identité qui refuse son contraire est menacée de l'expérimenter à plus ou moins bref délai. Entre ces deux pôles extrêmes, « Je suis le créateur de ma vie » et « Je ne suis pas le créateur de ma vie », il existe une troisième voie, celle qui s'énoncerait par « Je suis Un ou Une ».

Se laisser définir par une identité, c'est participer à une aliénation fondamentale. Les chaînes que nous traînons sont moins visibles que celles des forçats mais, pour être intérieures, elles n'en existent pas moins. Nous sommes souvent persuadés que ces chaînes nous viennent du destin, de la société, de nos parents, des gouvernants et nous ne sommes pas assez lucides sur nous-mêmes pour nous apercevoir que nous nous les sommes nous-mêmes imposées. Parfois nous avons l'impression tout au long d'une journée de vivre sous le joug d'obligations diverses qui ne font que se succéder les unes aux autres. Nous suivons un sillon tout tracé et nous nous sentons esclaves d'un programme. Qui a tracé ce sillon, qui a choisi cette profession, qui a voulu vivre dans cette maison, qui a voulu des enfants ? Nous oublions souvent que nous avons créé cette situation dans laquelle nous sommes.

Certes, souvent ces choix se sont faits avec une conscience limitée, en se conformant à l'ordre établi ou en se maintenant loin de son propre centre. Mais ce sont quand même nos choix. Avec le temps ils nous sont devenus étrangers, ils vivent sans nous et hors de nous. Ils ont pris la teinte de notre pouvoir et maintenant ils nous contraignent. Nos choix qui sont nos créatures et nos créations nous débordent de toutes parts, nous asservissent et nous perdons alors quelque chose de fondamental pour notre équilibre, notre liberté.

Mais, à chaque instant, nous pouvons nous souvenir que nous sommes les créateurs de nos créatures et retrouver notre pouvoir.

Accepter la vie

Cette situation paradoxale s'installe parce que l'inconnu fait peur. Tout être humain abrite cette contradiction entre une partie de lui qui se protège, et une partie de lui qui prend des risques. Lorsque la peur et l'angoisse envahissent le champ de la conscience, la personne se referme et s'asservit à cette peur. L'esclave est celui qui, par crainte de la mort, s'inféode au maître qui, lui, est prêt à affronter le risque du combat. L'esclave a peur, le maître domine sa peur.

Mais le rite de passage est toujours à recommencer ; celui qui a eu peur peut changer et inversement. Plus j'accepte d'accueillir l'inconnu, de lâcher prise, d'ouvrir mon jugement, de ressentir, de respirer avec mon ventre au lieu de penser, et moins je cultive mes résistances. Je peux ainsi étendre mon territoire créatif et me renouveler.

Nous avons souvent une gestion inversée de nous-mêmes à ce sujet. Nous résistons aux expériences nouvelles. Nous résistons à la vie. En croyant la gagner, nous perdons l'essence qui demande de s'y abandonner amoureusement.

Et plus nous résistons, plus nous souffrons. C'est vrai au niveau physique comme au niveau moral. Dès que nous commençons à nous abandonner à la souffrance, nous commençons déjà à nous en défaire alors que la résistance, qui s'accompagne de contractions musculaires, contribue à l'entretenir.

Dans notre civilisation, la souffrance est légitimée. Pas de progrès spirituel sans souffrance. Cette conviction, implantée dans notre conscient et notre inconscient, travaille souterrainement et nous amène à créer nos souffrances pour mériter notre paradis. Ceux qui cultivent l'idée que leur crucifixion est une expiation de leurs péchés et qu'ainsi ils trouveront le chemin de leur âme rencontreront ce qu'ils cherchent. Ceux qui cultivent l'idée que le bonheur est le plus sûr chemin de trouver le divin en soi construiront cette réalité dans leur vie.

Accepter la vie, c'est accepter ce corps, cette personne que je suis, son sexe, son âge. Beaucoup de gens ne s'acceptent pas, beaucoup de gens entretiennent un manque d'amour chronique d'abord vis-à-vis d'eux-mêmes et ensuite vis-à-vis des autres. Nous vivons en état chronique de résistance, de réaction. Nous nous écorchons à l'existence au lieu de faire un avec elle.

Faire de sa blessure une perle

Je suis un enseignant, je suis une personne qui s'adresse à une autre personne avec respect. Je ne suis pas un modèle, je ressens seulement dans la douceur intérieure qui m'habite l'autorisation de transmettre mon expérience et d'aider à l'accouchement des autres à eux-mêmes. C'est une fonction de sage-femme plus qu'un rôle de femme sage. À l'intérieur de soi, au creux de son essence, dans son centre chacun sait ce qui est bon pour lui, ce qui est juste, et chacun a seulement besoin de retrouver l'écoute de ce maître intérieur, de lui faire confiance. C'est la confiance dans sa propre conscience.

Cette voie est simple, elle ne demande pas de se soumettre à une autorité extérieure. La libération de l'être est toujours quelque chose de très simple. On a beaucoup compliqué les choses à travers les métaphysiques, les philosophies, les religions. Mais devenir son propre maître ne demande rien d'autre que d'assumer quelque chose qu'on nomme la blessure fondamentale.

Toute quête de soi sous-entend souvent une demande de guérison. La personne souffre de comportements qui lui paraissent inadaptés à ses objectifs : échecs professionnels, amoureux ou familiaux, mal-être. Peu s'autorisent à parler directement de souffrance de l'âme.

Pourtant, au-delà des symptômes et des explications, il va falloir envisager un réaménagement du moi. Dans le noyau du désespoir se trouve un manque, qui n'a pas seulement un nom, manque de mère, manque de père ou manque d'amour, mais aussi un manque de soi. Le sens de la perfection, de la justice, de la beauté, de l'amour s'inverse en désespoir, haine, sentiment de non-sens. Cette contradiction permanente est au cœur de l'évolution d'un être humain. Pour oublier cette blessure, nous pouvons nous jeter dans des activités frénétiques, dans des idéaux collectifs, ce qui s'appelle parfois le dépassement de soi. Les alternances du désir, de la satisfaction, de la frustration ne nous en rattrapent pas moins. Et la guérison ne peut venir que de l'acceptation.

La blessure a un sens spirituel, elle est faite d'une aspiration à la perfection. Tant que la personne ne perçoit cette dimension qu'à travers sa souffrance, elle est déjetée d'elle-même.

Il s'agit d'accepter son manque, de l'incarner sans chercher à le compenser. La barrière du moi ne fonctionne plus, le sentiment de fracture et de fragilité est en pleine lumière, l'être se retrouve face à sa blessure initiale, il pleure, il se débat, il se sent vide. S'il accepte d'expérimenter ce vide, quelque chose d'autre peut renaître qui le met en route vers plus d'harmonie et de lumière. Cet élan devient son centre créateur. Au-delà du « je » et de ses masques se trouve le grand vide sidéral qui permet de se remplir de tout. Le vide fait peur mais il ouvre à la puissance de la création. La blessure initiale est une facette à retourner.

Notons bien qu'une thérapie adaptative peut endormir provisoirement la souffrance et non la muter.

Faire de sa blessure une perle, c'est opérer ce retournement de l'être.

La transformation s'opère sur deux axes : un axe horizontal sur les facettes du moi et un axe vertical sur l'ouverture à la dimension spirituelle. Seule la conjonction de ces deux axes peut amener l'être à son authenticité, son intégrité et son harmonie. L'interaction entre eux doit être permanente. Le paradoxe de l'accouchement à soi-même tient dans le fait qu'il s'agit à la fois de fortifier un moi fonctionnel et de le dissoudre en permanence.

Soit le moi est une construction mentale coupée des émotions et des pulsions et la personne souffre d'un sentiment d'absence, soit le moi est identifié aux émotions et aux désirs, et la personne se sent ballottée par ses réactions, soit le moi devient un point de croisement entre la verticale et l'horizontale et dégage une vitalité heureuse.

La blessure du manque contient la quête de l'âme. La relation que nous entretenons avec notre manque détermine notre manière d'être au monde.

Se donner accès à l'illimité

Même quand nous sommes persuadés que notre but est de ne rien faire, de gagner de l'argent, d'acquérir de la renommée, l'aspiration de la conscience vers la complétude continue d'agir. Tout se passe comme si nous étions chargés de faire éclore un germe et de l'amener à son stade de fleur épanouie qui distribuera à son tour d'autres graines. Une partie en nous a le désir de l'illimité.

Nous pouvons l'appeler Dieu ou autrement. Ce n'est pas vraiment le nom qui importe, c'est cette force qui pousse en avant, ce besoin de complétude que certains ont transformé en besoin de perfection.

Lorsque nous restons trop près de nos limites, que nous collons étroitement à nos constructions, nous devenons malheureux, sans savoir pourquoi. Nous n'avons pas conscience que nous aspirons à un élargissement de nous-mêmes, que ce soit par la folie ou la sagesse. Cette ignorance fondamentale de ce dont nous avons le plus besoin nous amène à tourner en rond de manière dérisoire et parfois désespérée. Nous répétons les mêmes scénarios, les mêmes erreurs, les mêmes souffrances, ce qui est une manière de se parler à soi-même. Nous rejouons aussi des conflits avec les uns et les autres, pour poser quelque part cette partie haineuse de nous-même qui nous déborde et qui se nourrit de nos frustrations.

Se donner accès à l'illimité, c'est développer la partie de soi qui aime la vie, qui est amour au-dedans, indépendamment des circonstances. Cette force intérieure se cultive et grandit comme une plante à l'intérieur de soi. Elle permet d'abandonner progressivement ces projections haineuses vis-à-vis des autres. Nous quittons le rôle bloqué de celui qui est le bon, qui a raison et nous cessons d'attribuer à l'autre le mauvais rôle.

Être le créateur de sa vie

Les neuf dixièmes de la population vivent sous un joug terrible : ils sont les victimes de leur destin, de leur famille, de la société, des gouvernements, des banques et du temps qu'il fait... et ils ont la certitude de ne rien pouvoir changer. Cet état d'esprit qui cultive l'impuissance entretient l'état de victime : je suis ce je pense être.

Mais imaginons un renversement de pensée. Que chacun se dise : « Je suis capable de conduire ma vie, je suis le créateur de ma vie. » Pour être capables de nous penser libres, nous avons besoin de développer nos capacités d'imagination, de nous connaître, de nous écouter, de nous accorder de la valeur, de nous exercer à penser par nous-mêmes...

Un tel retournement de l'être ne peut se suffire de mots prononcés. Nous avons été conditionnés par notre éducation, par la façon dont nous avons appris à regarder, à sentir, à penser, à souffrir pour notre rédemption. Pour reprendre maîtrise sur notre conscience, nous devons entreprendre un vrai travail, la porte de la sagesse s'est entrouverte, mais ensuite il faut la chercher chaque jour. Ce n'est jamais terminé, c'est une expérience continue.

La confiance cependant s'instaure. Une respiration progressivement plus vaste s'installe dans l'être. À certains moments, nous pouvons avoir l'impression de patiner, d'être arrêtés mais nous repartons toujours. Quand le voyage de la conscience a commencé, la personne est agie de l'intérieur. La partie illimitée de soi est de plus en plus présente.

La pensée a un pouvoir sur la vie, et si cette pensée a un rôle constructeur, ce pouvoir grandit. Par la pensée, nous pouvons intervenir dans le tissu global des événements particuliers et collectifs. C'est ainsi que la prière est agissante, que les applications des mains sur différentes parties du corps sont guérisseuses. C'est ainsi que la visualisation d'un conflit peut permettre de le résoudre.

Imaginons que quelqu'un émet des jugements négatifs sur vous. Vous vous sentez très mal. Dans un premier temps, vous pouvez avoir une réaction haineuse, œil pour œil. Dans un deuxième temps vous pouvez décider d'aller trouver cette personne et de tenter de faire la paix, mais si vous l'accusez, si vous lui demandez des excuses, vous risquez d'aggraver encore la situation. Au lieu de vous défendre par des protestations et des gesticulations, commencez par intérioriser ses accusations, mesurer ce qu'elles ont de juste et d'injuste. Ce mouvement d'acceptation n'est pas une fausse humilité mais au contraire il signifie un progrès fondamental, la capacité à sortir de la peur de l'ombre. Cette personne qui vous accuse n'est pas cet ennemi que vous aviez tendance à regarder en elle, elle représente un allié de votre conscience, un aspect de vous-même, qui vous permet de faire du ménage et de grandir. À partir de là, vous la visualisez de manière amicale et vous aurez peut-être l'heureuse surprise de constater que le problème se dénoue dans la réalité concrète. Le conflit tombe comme une espèce de soufflé.

Derrière tous ces comportements souffrants, des idées, des jugements sont en action. Prendre conscience des idées reçues et souvent aliénantes qui nous gouvernent fait partie d'une étape importante dans la levée de notre aliénation. Tous les jugements négatifs que nous portons agissent plus comme des freins que comme des protections.

Devenir créateur de sa vie consiste aussi à surveiller le tissu agissant des croyances que nous entretenons sur nous-même, sur les autres, sur notre environnement et à écarter ce qu'elles ont de limitatif ou de destructeur.

La clef pour maîtriser la folle agitation du mental se situe dans la respiration et dans le corps en donnant de l'importance non plus seulement à ce que je pense mais à ce que je ressens. Nous nous servons souvent de la pensée pour résister à la vie. Vivre en ressenti permet de faire confiance à son intuition, de se détendre et d'accueillir plutôt que de combattre. Et si la vie était plutôt un jeu qu'un combat ? Et si je dirigeais ma vie avec une confiance inébranlable dans la conscience qui se révèle à moi jour après jour ?

Entrer-sortir-muter

Dans les groupes de travail sur soi que j'anime, le déroulement du processus de transformation comporte trois temps forts.

La première étape assainit le terrain du passé, construit les soubassements de la maison Transformation. On y fait le bilan de sa vie. On accepte de regarder les blessures qui l'ont creusée d'un sillon douloureux et les comportements de compensation qui ont pu s'instaurer en réponse. On visualise les doutes du mal-aimé en soi. Les relations avec les parents en particulier comportent souvent encore des reliquats de conflits : comment avancer vers une pacification des relations ? comment basculer dans la paix du cœur ? Par la respiration, par le silence, par la danse, l'énergie est épurée, affinée et chacun apprend à ressentir au-delà de tout jugement. Cette attitude intérieure d'ouverture apporte une sensibilité nouvelle, un accès au centre, à la source, commence à inspirer un autre art de vivre et d'aimer.

Chacun est invité en petits groupes à raconter sa légende personnelle. Ce sont des moments d'une grande intensité émotionnelle. Les récits sont conduits à la troisième personne. Chacun peut transposer son histoire à sa guise mais est invité à s'interroger sur son sens. Ensuite il met par écrit ce qui s'est improvisé dans l'oral avec la possibilité de l'enrichir. Chaque affirmation quelle qu'elle soit : « Je m'aime, je suis heureux, je crois que les autres m'aiment », etc., conduit à ressentir ce qui se passe en soi. Montent des réticences, des réactions, des refus qui sont ainsi examinés et évacués. Cette écoute de soi, cette permission de laisser s'exprimer les contradictions accroissent la connaissance de soi, développent la capacité à s'aimer soi-même, à s'accepter, à digérer son passé, à le transformer de lourd en léger. Ce premier travail est comme une seconde naissance à soi-même : « Oui c'est moi, je ne suis plus une victime, je suis le créateur de ma vie, je suis capable d'oser m'affirmer et de danser sur mon apparence égotique. »

La deuxième étape mène vers la sortie de cette entrée. Comment échapper à l'emprise de mon ego, de mes peurs, de mes limitations, de mes illusions, des moules sociaux, des conflits ? J'ai besoin de reconnaître mon critique intérieur, mon enfant intérieur, ma femme intérieure, mon homme intérieur, de situer mon ego conscient. J'utilise la visualisation et la fonction symbolique pour apprendre à « décréer » ce qui m'encombre. J'envoie valser le chapeau des idées dominantes et cela m'allège, même si ce n'est parfois que provisoire. Par la loi de gravitation le chapeau des croyances dominantes revient, mais je peux encore et encore le faire valser. Je reconnais comment mes projections et mes jugements sur les autres sont les reflets de parties de moi-même que je n'ai pas intégrées. J'apprends à endosser des costumes peu seyants et à ne pas systématiquement les attribuer aux autres. J'apprends à me libérer.

La troisième étape entreprend un autre niveau de transformation. Elle s'intitule « Muter », après « Entrer » et « Sortir ». Que signifient ces trois mouvements ? Comprendre la vie en sagesse, c'est apprendre toujours plus souplement à entrer et sortir de toutes les situations et à permettre l'émergence d'un troisième terme qui est l'instant du plaisir, de la jouissance et de l'extase. Les compréhensions psychologiques qui se sont jouées à la première et à la deuxième étape ne sont plus de mise. Nous passons en ligne directe. Nous acceptons de nous déplacer sur un axe subtil qui traverse notre corps de part en part, et nous nous ressentons beaucoup plus vastes intérieurement que notre corps physique. Palper cette énergie subtile, c'est comme palper le mystère en permanence. L'éveil comme présence à l'énergie vaste en nous se travaille du bas en haut et du haut en bas. Comme la centrale reste le cœur, l'attention est mise sur l'ouverture du cœur. Par le magnétisme, la visualisation, le chant, la danse, la contemplation, la respiration, la concentration, l'énergie s'accumule, se canalise, devient jaillissante et irrigante. Baigné d'une attention à la joie, l'être redimensionne ses pensées, joue avec ses peurs et ses illusions, accroché à son étoile intérieure ultime et profonde.

La roue de la transformation

Bien décidée à ne pas me laisser voler ma vie, j'ai beaucoup regardé, écouté, exploré ; pendant de longues années, j'ai cherché pour élaborer un schéma qui me parle et j'espère qu'il vous parlera. Car rien n'est plus puissant dans la transmission entre les consciences qu'un langage symbolique.

De quoi s'agit-il ? Du parcours d'un être humain. De l'indifférencié au différencié pour revenir à la fusion. De la fusion de première naissance dans le ventre de la mère à la fusion de deuxième naissance dans l'identification au tout spirituel.

Ce parcours peut être symbolisé par une roue découpée en sept parties. Au centre, le moyeu représente le Soi. Sur le trajet, sept archétypes qui coexistent en nous positivement ou négativement, et qu'à chaque instant nous pouvons incarner, de manière constructive ou destructrice.

LA ROUE GÉNÉRALE DE LA TRANSFORMATION

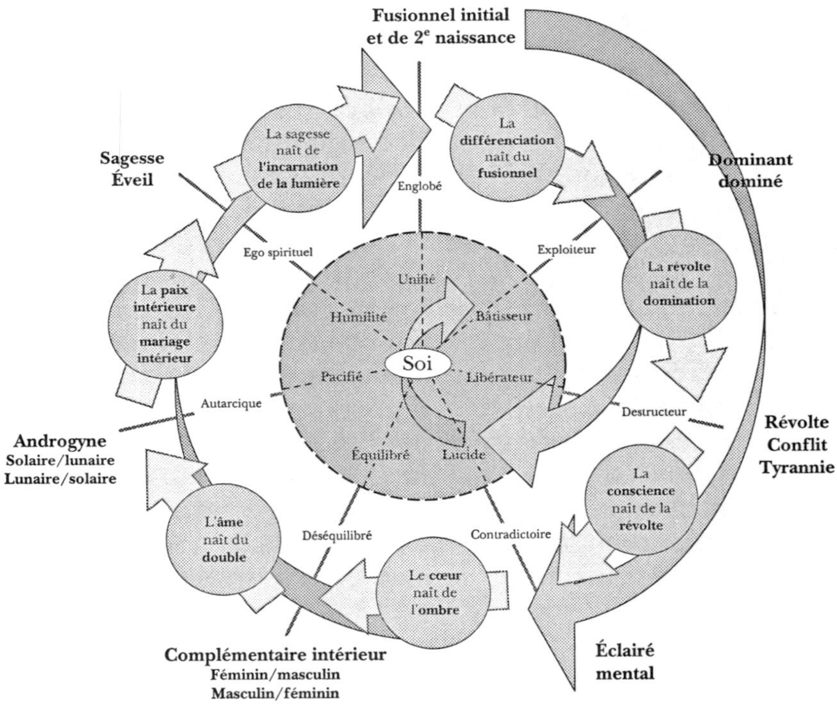

Sept rayons et sept archétypes

Premier archétype, le fusionnel à la mère et à l'autre désire être englobé dans la bienheureuse inconscience ; chacun cherche à s'attarder ou à régresser le plus possible, mais veut aussi s'extraire et développer son individualité.

Deuxième archétype, la différenciation est une affirmation, une démonstration de puissance. Mais le rapport de forces s'introduit. Je domine et je mets l'autre à mon service, je suis dominé et je me mets au service de l'autre. Le combat est larvé, latent. Je n'attends qu'une occasion pour me révolter.

Troisième archétype, le combat est déclaré. Pas de quartiers. Il y aura un gagnant et un perdant à moins qu'il n'y ait que des perdants. L'affirmation de soi passe par un non tonitruant. La lutte est destructrice, intense, et addictive : j'y prends goût. C'est l'épuisement qui permet parfois de passer à autre chose.

Quatrième archétype, le pouvoir du mental, le pouvoir intellectuel entre en lice, apparemment plus pacifique mais mensonger. L'amour du pouvoir l'emporte encore sur toute autre considération. Et pourtant la conscience introduit la mise en cause de soi, le doute fécond, la reconnaissance de la blessure et l'aveu du malêtre. Le changement commence, le retournement de l'être s'amorce. Le pouvoir de l'amour propose un nouveau plaisir, un nouveau bonheur. Parce que l'ombre est reconnue, le cœur naît.

Le voyage vers le cinquième archétype se précise avec l'animus et l'anima. Une nouvelle force intérieure se développe par l'intégration et l'intériorisation de l'actif masculin chez la femme et du réceptif féminin chez l'homme. L'âme trouve son terrain d'épanouissement dans cette quête d'identité. La spiritualisation de l'être demande le mariage des deux sexes.

Ce qui s'amorce au sixième rayon. Les dimensions du père et de la mère mais aussi de l'anima et de l'animus se débarrassent de leur toute-puissance, de l'inflation de la possession.

Le septième archétype conjugue l'énergie et la sagesse, la réalisation et l'humilité devant la vie. Cette différenciation accomplie demande à se dissoudre à nouveau dans un fusionnel de deuxième naissance, plus conscient, et la roue tourne, toujours plus proche du Soi. Ainsi va la libération de l'être qui est notre quête à tous, souvent totalement inconsciente.

Au stade éclairé où nous sommes avec ce livre, la roue de transformation est un outil précieux. Au plus fort de nos disputes amoureuses, est-il possible de se souvenir que le conflit n'est qu'un jeu dont les mécanismes sont démontables ? Pas sûr, mais pas impossible non plus. L'inflation d'un ego sans conscience nous poursuit jusqu'au quatrième stade et il ne trouve sa pacification consciente, il ne fait véritablement le choix de l'amour que lorsqu'il s'appuie sur un début de mariage intérieur au sixième stade. L'amour s'intègre au septième stade jusqu'à oser une nouvelle dissolution fusionnelle avec l'humain ou avec le divin.

Ce diagramme est donc destiné à nous accompagner tout au long de ces pages. L'ensemble constitue un tour de roue, un tour de spirale et il faut bien comprendre qu'au cours de notre vie nous effectuons plusieurs tours de spirale : nous évoluons lorsque nous approchons du Soi, et il semble que ce soit notre aspiration la plus secrète. Mais tous les aspects nous concernent et sont là potentiellement en chacun d'entre nous. Ils sont plus ou moins développés et surtout plus ou moins actualisés selon les uns et les autres : certains peuvent avoir aujourd'hui une structure révoltée et d'autres une structure lumineuse plus proche de la sagesse et de l'éveil alors qu'hier ils étaient peut-être dans la révolte. Toutes ces structures cohabitent en nous et s'extériorisent ou non selon les circonstances et évidemment selon aussi les empreintes que nous avons gardées et la maîtrise que nous avons acquise sur certaines forces pulsionnelles.

Chaque rayon transporte un aspect positif et un aspect négatif. L'aspect positif est proche du Soi, il constitue le centre de la roue et à partir du cercle en pointillé, on passe dans l'aspect négatif de chaque rayon. Le besoin du fusionnel, par exemple, représenté sur le premier rayon, est un archétype fondamental qu'on retrouve chez tous les êtres et qui définit à la fois un certain nombre de problématiques et un certain nombre de chances parce que l'unité est un sentiment très important à développer. Les questions à se poser sont : dans quelle mesure est-ce que je suis victime de son aspect négatif, qui est nommé l'englobement ? dans quelle mesure je suis capable de me maintenir ou de muter rapidement dans son aspect positif, l'unité ? quelle est ma part de maîtrise personnelle dans ce rayon ? comment faire en sorte que les forces qui me ramènent vers le centre soient plus fortes ?

Les rayons offrent tous les mêmes aspects : sur le rayon dominant-dominé, il y a un côté négatif exploiteur, et un côté positif bâtisseur ; sur le rayon révolté, un côté destructeur et un côté libérateur ; avec l'éclairé mental, le négatif s'inscrit dans la contradiction, le positif dans la lucidité ; avec le masculin/féminin, le déséquilibre représente le négatif, et le positif correspond à l'équilibre ; si on avance vers l'androgyne, l'autonomie peut être un facteur d'isolement ou une source de paix, de pacification extérieure et intérieure ; le sage trouvera soit un pouvoir spirituel négatif soit cette humilité qui caractérise l'évolution d'un être.

Sept cercles et sept mouvements dynamiques

Ce qui est très intéressant dans cette roue de la transformation, c'est qu'elle nous donne une ossature, quelque chose qui nous permet d'avoir une vision de là ou nous partons et de là où nous allons. Il s'agit d'acquérir une maîtrise au sein de chaque archétype et un mouvement dynamique de l'un à l'autre. La proposition consiste à devenir toujours plus libre, à avancer vers la libération de l'être et la libération aussi éventuellement des capacités d'affirmation, de centrage, de sagesse, des capacités d'entrer et de sortir, de s'intérioriser et de s'extérioriser : s'intérioriser sans perdre son extériorité, s'extérioriser sans perdre son intériorité, ce qui est un mouvement plus difficile qu'il n'y paraît car, si la plupart des grandes traditions, des religions se sont intéressées à un mouvement d'intériorisation et si le profane reste dans un mouvement d'extériorisation, le mouvement d'aller et venir, d'entrer et de sortir souplement est peu ou pas exploré. Il s'agit de trouver une force de conviction intérieure, de formulation, une rigueur qui laisse place à toute la souplesse du réceptif et à l'abondance du cœur.

Sur la roue, de grands ronds nous indiquent les mouvements dynamiques qui relient les archétypes les uns aux autres. Nous allons les commenter.

La différenciation naît du fusionnel

Repensons au phénomène de la naissance : elle s'accomplit à partir d'une fusion physiologique, puis, pour qu'un autre être naisse, il faut une dissociation : que les deux corps ne fassent plus un mais deux. La croissance est différenciation et multiplication, mais en même temps elle se fait toujours dans un sens d'unité. De même, pour oser être soi, chacun doit sortir du fusionnel.

Entre le fusionnel et le dominant-dominé ce processus de différenciation continue de nous accompagner. Toute notre vie, nous allons devoir entrer dans des processus dérivés de conformités et prendre le risque d'être différents : l'individuation est à ce prix. Ce processus ne cesse de nous solliciter comme un vecteur de croissance, mais il est aussi d'une certaine façon vecteur de souffrance puisqu'il nous amène à sortir de quelque chose de connu et de stable pour aller vers l'inconnu, vers plus de capacité d'affirmation. Chaque changement sera ainsi accompagné d'un gain et d'une perte.

La révolte naît de la domination

La domination est l'un des effets de la différenciation, un effet pervers mais pas le seul parce qu'elle a aussi un côté organisateur et bâtisseur. Au fur et à mesure que je me différencie, que je m'affirme, je peux m'affirmer plus vite que l'autre et devenir éventuellement un exploiteur, dans une position dominant-dominé.

Cette structure dominant-dominé a produit sur notre planète des pauvres et des riches, des exploitants et des exploités, et nous ne savons toujours pas à l'heure actuelle comment la juguler. On s'interroge sur la manière dont on pourrait répartir mieux la croissance, et en même temps jamais les dominants n'ont été aussi voraces, au point que s'accroît la légitimité de la voracité. Sur ce cercle vicieux autour de l'avidité, la conscience humaine achoppe. D'un côté, il y a l'amour, la paix ; mais en même temps, tout le potentiel de la vie et de la survie est en jeu, tout ce qui a trait à l'élan créatif. Il est important de sentir qu'on est là au-delà du bien ou du mal ; de comprendre que la même force peut être positive ou négative, enfermante pour l'un et libératrice pour l'autre.

Dans un premier temps, on n'évite pas toujours l'écrasement de l'autre dans l'affirmation de soi, et il est important de déculpabiliser cet aspect. L'apprentissage de sa propre force se fait en la déployant. Le positif et le négatif coexistent et il n'y a de péché à être dominant ou dominé, fusionnel ou révolté. Rappelez-vous que lorsque vous étiez enfant, si vous vous révoltiez contre vos parents, on ne manquait pas de vous punir. Mais les enfants qui se sont soumis se retrouvent ensuite bloqués dans l'affirmation de soi : ils se courbent en se disant : « Plus je me fais petit, mieux ça ira pour moi. » D'autres prennent le risque de leur révolte et s'aperçoivent que leur audace est récompensée, mais s'ils s'enferment dans un système, leur révolte chronique sera pénalisante.

La révolte est une dynamique : il est important de pouvoir dire non à quelqu'un qu'on aime, d'oser s'affirmer. Ce qui est déjà vrai dans la différenciation l'est encore plus à ce stade. À condition de ne pas s'enfermer dans ce non.

La conscience naît de la révolte

La souffrance qui vient de la révolte, du conflit, de la séparation conduit au désir de trouver une solution par ce qu'on appelle la réflexion. La prise de conscience est toujours de la réflexion, mais pas au sens rationnel du terme : au sens du miroir qui réfléchit l'image. Il ne s'agit pas de bonne conscience ou de mauvaise conscience, mais d'une analyse qui éclaire la route de l'action.

Jusqu'à présent la route de l'action fusionnel-domination-révolte était pulsionnelle. Avec le quatrième archétype, on s'arrête et on prend le temps. Le temps de lire, de parler avec l'autre, d'améliorer l'action par la compréhension.

Quand tout va bien, vous ne réfléchissez pas sur ce que vous avez à faire. C'est au moment où vous vous heurtez à des contradictions, où vous devez réagir, où vous vous révoltez, que vous tentez de mettre à plat les choses, d'éclairer mentalement la situation vécue. Cette mise en cause de soi est fondamentale. Jusque-là, dans une conscience plutôt archaïque, quand quelque chose n'allait pas, c'était toujours la faute de l'extérieur, la faute des autres. Si vous étiez mis en cause, c'est par les autres. À ce stade, vous allez oser vous mettre vous-même en cause. Vous allez commencer à accepter votre ombre.

Comme vous allez vous juger vous-même, il y a un risque d'effet pervers. Vous pourrez être beaucoup trop dur avec vous-même, et quand on dit « C'est ma faute », la pression culpabilisante risque de devenir destructrice. « C'est ma faute, ma très grande faute », professe le christianisme, entraînant la victimisation de soi par soi.

La culpabilité est de toute façon terrible et, tant qu'on ne se donne pas le droit d'être de mauvaise humeur, on est prisonnier d'une image de perfection dans laquelle, par ricochet, on emprisonne ceux qui sont autour de soi, sans parler des exigences que l'on pose sur eux. On contrôle un maximum pour ne rien laisser voir de son ombre et on est obsédé par l'ombre des autres.

Mais le côté positif, c'est qu'oser se remettre en cause

amène un élément de tolérance et de dialogue considérable : on commence à respecter son être et celui de l'autre. Et accepter sa propre ombre aide les autres à accepter la leur, ce qui au total dégage une très grande énergie.

Le cœur naît de l'ombre

C'est une phrase clef que je trouve très éclairante.

J'ai besoin de l'autre dans l'amour. N'acceptant pas mon ombre, l'autre est chargé de croire en moi, et son amour me permet de continuer à me masquer mon ombre. L'amour de besoin est lié à l'ombre : il est lié à la manière dont l'amour de l'autre me sert à m'accepter.

Mais, au fur et à mesure que nous acceptons notre ombre, l'amour de l'autre vient par surcroît, il n'est plus là pour compenser, on cesse d'être dans l'amour exploiteur. On apprécie une personne pour ce qu'elle est, et non pas seulement pour ce qu'elle nous apporte. On l'aime « bien que » et non plus « à cause de ». Au fur et à mesure de cet épanouissement, de cette ouverture du cœur, on découvre le sens du mot amour. On peut le comprendre mentalement, mais ensuite c'est plus fort, plus organique, ça se pétrit en nous.

Soyons honnêtes : nous ressemblons toujours un peu à ceux qui ont besoin d'amour et un peu à ceux qui s'ouvrent à l'amour. Cultiver sa complétude n'est pas de l'altruisme, mais correspond au sens du bonheur, nous sommes des êtres de plaisir et de bonheur. Il est important de surveiller, quand on sort d'une lecture ou d'un stage, la manière dont l'ombre ressurgit dans notre environnement : une fois rentré chez soi, on peut être odieux avec ses proches. L'ombre est repoussée, mais elle n'est pas maîtrisée pour autant. Elle peut ressurgir dans le cadre de la vie privée : c'est peu à peu qu'il faut l'apprivoiser.

L'âme naît du double

L'anima et l'animus, ces mystérieuses notions nommées par Jung, nous donnent aussi accès à la notion d'âme. Dans la mesure où l'intériorité se développe, chaque individu prend davantage de temps avec lui-même. Il découvre qu'il a besoin d'espace pour écouter son âme, que les bruits ambiants, les discours des autres, aussi agréables soient-ils, parasitent son écoute intérieure. Ses temps de solitude lui deviennent indispensables. Il n'est plus un drogué des contacts et de la distraction, il accepte de plonger en lui-même, de jouir de sa solitude.

Une alliance se crée entre l'actif et le réceptif. Le masculin aime le féminin à l'intérieur de soi : si je suis une femme, j'ai un grand bonheur à être aimée par un homme – et inversement – mais je découvre un autre bonheur, celui de vivre en quasi-permanence à l'écoute de mon chant intérieur. Et pour que je l'entende, il faut que j'aie réunifié au moins à cinquante pour cent mes polarités intérieures. L'âme est tourmentée si un déséquilibre subsiste entre le masculin et le féminin, et parfois un créateur tente par son expression de sortir de ce déséquilibre : la souffrance ne garantit pas la créativité mais elle en est parfois le moteur.

La paix intérieure naît du mariage intérieur

Nous allons vers la sagesse. Pour autant tout n'est pas réglé. La tentation est grande de se refermer sur cette pacification nouvelle. Sur le rayon de l'androgyne, une force intérieure se manifeste, la solitude heureuse du cinquième rayon se confirme : pourquoi s'ouvrir à une relation extérieure, entretenir une intimité avec une personne de l'autre sexe ? L'autonomie se savoure d'autant plus que l'être accède à une créativité et à une reconnaissance de son rayonnement. L'amour universel ne pourrait-il tenir lieu d'amour ? Une dimension de prêtrise devient effective en chacun, homme ou femme. L'âme s'élance vers l'esprit. Les polarités de l'actif et du réceptif donnent naissance à un troisième terme qui est comme le fruit du mariage intérieur et qui se nommerait l'enfant-soleil.

La sagesse naît de l'incarnation de la lumière

Cette dynamique de transformation concerne le vibratoire et le subtil. La conscience s'affine et le corps se purifie. Tout se simplifie. La dimension lumineuse de l'extase apparaît comme une permanence au creux de l'être désormais inaccessible à la désespérance.

Mais il faut noter que cette sagesse peut n'être que partiellement présente, qu'elle peut grandir ou s'endormir pour un temps, qu'elle cohabite avec des aspects plus profanes de la personnalité. Tous les êtres ont accès à cet état comme par effraction, l'espace de quelques instants. L'évolution consiste à lui faire gagner du terrain dans l'ensemble de la psyché. Il ne faut pas oublier non plus l'aspect négatif susceptible de générer un ego spirituel, un pouvoir sur les autres.

Une question se pose alors : l'être qui a atteint les cinquante pour cent de cette sagesse va-t-il se désincarner et s'isoler sur la montagne ? ou en toute humilité acceptera-t-il de s'incarner par amour, de prendre le risque d'une nouvelle relation, d'un nouvel apprentissage ?

SUBIR SA VIE

LA ROUE DE LA TRANSFORMATION

Le fusionnel

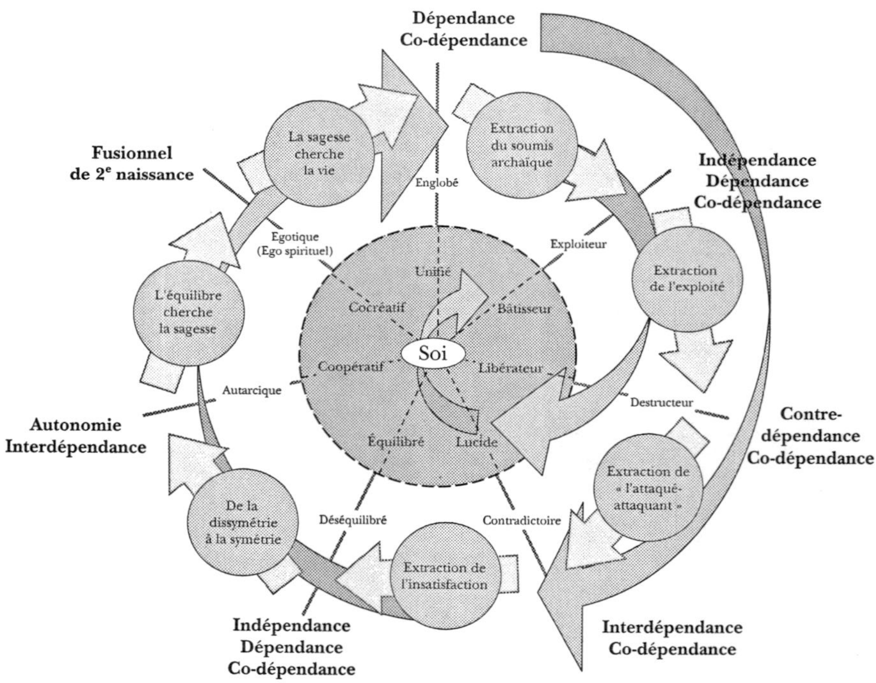

Le fusionnel et ses déclinaisons vers l'autonomie

Le fusionnel de première naissance

Il n'y a rien de meilleur que le fusionnel. Un corps chaud contre un corps chaud. Deux histoires croisées et entrecroisées n'en font plus qu'une. L'amour se nourrit de fusionnel, et il serait stupide de lutter contre ce désir et ce plaisir. Chaque fois qu'un être nous en fournit l'occasion, nous pouvons nous réjouir, et nous y abandonner...

Mais ne nous leurrons pas. Derrière l'illusion d'unité et de paix qu'il donne, le fusionnel reste un combat. Entre le fœtus et la mère, la nourriture fait l'objet d'un partage mais aussi d'un conflit. Le fusionnel tend à la différenciation. Chacun continue de rouler pour soi. C'est peut-être cette tension qui rend la fusion si précieuse : toujours menacée, toujours à recommencer. Psychiquement comme physiquement, pour nous développer, nous devons sans cesse abandonner l'unité pour poursuivre l'unité, canaliser encore et encore la puissance du multiple dans l'un. Des milliers de naissances à nous-même vont nous accompagner tout au long de notre vie.

La relation à la mère est physiquement fusionnelle et chaque vie commence par cette colonisation d'un autre organisme. Psychiquement, le lien d'identification est aussi très fort. Tu es moi et je suis toi. Dans la relation amoureuse, on retrouvera cette puissante demande : nos désirs sont les mêmes, nos projets coïncident, nous nous sentons bien quand nous sommes ensemble, sans toi je me sens en exil de moi-même, je n'existe pas. Le fusionnel de première naissance menace le processus d'individuation toute notre vie : identifié à maman puis à tout être que j'aime comment puis-je me rencontrer ?

Mais que pourrais-je faire sans ces moments de grand apaisement où rien en moi ne tend à la dispersion, où tout se rassemble ? Si je n'y ai pas accès, je me retrouve exsangue, démuni. Comment aller au Soi sans passer par le fusionnel ? Ô paradoxe de se trouver en se perdant. Où puiser sa force si ce n'est dans cet espace de récupération ?

La nécessaire différenciation m'entraîne dans le risque de l'exploitation de l'autre, je le colonise ou je risque de me faire exploiter, de me laisser coloniser et même j'en redemande. Tout se passe comme si le désir de croître en tant qu'organisme individuel me tenaillait comme un programme inéluctable, et comme si j'aspirais en même temps à la régression, à l'immobilité, à l'englobement, même à mon détriment. Tel est le dilemme, et parfois le drame.

Nous ne passons pas d'une étape de fusionnel à une étape de différenciation. Nous avançons dans la différenciation, et nous avons besoin du fusionnel même s'il compromet parfois notre croissance. Tout ce que nous pouvons espérer, c'est d'apprendre à y entrer et en sortir de mieux en mieux. À toutes les étapes de la roue d'évolution, nous expérimentons des comportements plus ou moins adaptés, plus ou moins destructeurs, à toutes les étapes nous traitons avec notre peur de l'engloutissement et notre fascination de l'unité, nous oscillons d'un extrême à l'autre et nous cherchons la voie du milieu. Notre inconfort et notre insatisfaction sont parfois nos seules boussoles mais il nous arrive aussi d'avancer en nous jouant aisément des obstacles. L'énergie vitale et la force du corps sont en nous bonnes conseillères. Apprendre à se recentrer corporellement nous donne une indication constante.

Ce fusionnel conduit à une dépendance qui se joue à deux. L'un s'enroule autour de l'autre comme un lierre et se nourrit de lui, l'autre s'offre comme un chêne, ce qui n'empêchera pas les deux partenaires de se plaindre l'un de l'autre.

Le fusionnel de la mère

La mère se trouve quasi biologiquement dans une situation de fusion-confusion avec son enfant dans la mesure où elle le porte dans son ventre. L'accouchement lui enseigne la séparation mais son instinct de protection prolonge l'identification. L'importance de ce lien aussi bien pour la mère que pour l'enfant n'est pas connue une fois pour toutes : il se découvre à différentes étapes de l'existence. Cette racine mère ne doit pas être coupée parce qu'elle est constitutive de la psyché. Mais comment alors se libérer de la dépendance et de l'infantilisation que ce lien transporte ?

Du côté de la mère, c'est beaucoup demander. Car elle tient les rênes du pouvoir. Elle exerce son influence, elle donne ses soins et son amour, mais elle construit ouvertement ou souterrainement les conditions d'un retour. La loi de la vie veut qu'elle décline en force et en âge, sa dépendance biologique va apparaître. L'enfant devenu adulte se retrouve alors en situation de maternage vis-à-vis d'elle. Cet affaiblissement physique peut intervenir très tôt, et l'enfant se retrouve parfois au service de sa mère avant même d'avoir eu le temps de poser un projet personnel.

Il ne faut pas sous-estimer, dans l'archétype de la mère, cette puissance-racine. On pourrait même parler de tentation. La mère peut avoir le pouvoir d'aspirer les forces de ses enfants et petits-enfants pour se maintenir en vie. Il n'y a pas lieu de s'indigner. Ce processus est tout à fait normal s'il ne s'emballe pas, s'il n'instaure pas une tyrannie. Tous ceux qui ont des parents vieillissants, malades ou handicapés connaissent cette force qui vient les aspirer et les culpabiliser parce que le besoin est comme un gouffre sans fin.

C'est sans doute au début et à la fin de la vie que cette dépendance vitale et familiale se fait le plus sentir. Mais les liens de protection, d'entraide, de réconfort, d'amour qui se tissent entre ces deux temps comportent aussi leur poids d'excès et leur risque d'emprisonnement. Humaine, trop humaine, la mère est souvent un subtil mélange de geôlière et de générosité aimante.

Le développement de sa conscience, son amour et sa sagesse l'amènent à cesser de s'identifier avec ses enfants. Sa propre libération et son propre accomplissement sont à ce prix.

Le fusionnel du fils

L'attachement qui relie le fils à la mère a été longuement développé par Freud à travers le complexe d'Œdipe. Et il est sans doute le fondement de cette peur de la femme qui hante le psychisme masculin. La mère fascinante et la mère englobante provoquent une attitude réactive de rejet.

Il y a en chaque homme un fils-amant de la grande Déesse-Mère. Au cours de son développement, il a besoin de séparer sa mère réelle de la puissance de la Déesse et de cesser de demander à la femme de sa vie de devenir sa mère. Devenir un homme, c'est se différencier de sa mère, affirmer son masculin, rencontrer la femme et le féminin, rencontrer le féminin à l'intérieur de soi, accepter sa mère comme elle est, accepter sa femme comme elle est, devenir un père pour son enfant intérieur et pour ses enfants, pour enfin retrouver le fils-amant mystique et sage de la Vie.

Sur le plan fusionnel et mystique, l'homme est un éternel fils même si tout son trajet d'incarnation l'amène à devenir un père. Certains hommes sont tentés de se dispenser du parcours, de rester des fils-amants de première naissance et comme Peter Pan de ne pas grandir. Mais la névrose les rattrape.

Le fusionnel à la mère est souvent refoulé dans l'inconscient parce qu'il ne correspond pas aux normes culturelles qui demandent au garçon de s'identifier au père. Et ce d'autant plus dans un contexte patriarcal où le féminin est dévalorisé. Il peut rester souterrainement actif sans que la personnalité y ait un accès conscient. Et ce d'autant plus que le féminin est dévalorisé dans un contexte patriarcal. C'est pourquoi la libération du fils à l'égard du fusionnel demande souvent un travail profond.

L'identification au père est d'une autre nature. Elle concerne davantage les normes de comportement, l'intégration de la loi et de la morale. Que le père soit un modèle ou un contre-modèle, la relation avec lui a une composante moins charnelle, plus verbale et n'appartient pas directement en général au mode fusionnel.

Le fusionnel de la fille

Elle aussi est tentée de rester toute sa vie dans ce statut de fille éternellement jeune, adolescente, éloignée des contraintes et des responsabilités de la mère. Elle demande à son compagnon un rôle paternel, tout comme le fils demandait à sa mère un rôle maternel. La maternité biologique ne réussit pas toujours à l'en sortir.

Son éclosion à la mère comme dimension intérieure lui permet de prendre en charge l'enfant intérieur qui est en elle, d'aimer ses enfants sans s'identifier ou se prolonger. Elle peut aussi rencontrer son animus, son masculin intérieur, différencier le Dieu-Père et son propre père, différencier son mari et son père pour rejoindre en elle la fille de la Déesse en seconde naissance, celle qui est amoureuse du réceptif et du féminin de la Vie.

Pour elle, le père exerce une attraction aussi irrésistible que la mère. On pourrait dire qu'elle est doublement encastrée dans le fusionnel. Mais en ce qui concerne le père, il s'agirait plutôt du désir ou du fantasme d'un fusionnel non vécu. Elle tente de le séduire et trop souvent il n'est pas là, il est absent, même présent, il ne se laisse pas circonscrire dans son univers et il ne l'emmène pas dans le sien. Ce manque emprisonne aussi la fille dans un appel névrotique. Manquant de lui, elle manque d'elle-même, ce qui fera le terrain de sa dépendance.

La dépendance

Quand le fusionnel menace la différenciation et l'individuation, il prend le nom de dépendance. Chez le bébé, le fusionnel est dépendant et cette expérience première tend à inscrire en nous une confusion : « C'est bon de ne faire qu'un avec toi » devient « J'ai besoin de toi ». La dépendance se construit sur ce mode : sans toi, sans tes soins, sans ton aide, je ne peux pas survivre.

La dépendance est de l'ordre de la nécessité vitale. Une personne dépendante ne peut pas se suffire à elle-même. Sur le plan psychologique, elle dépend pour son bien-être d'un élément extérieur : une relation affective peut fonctionner comme une drogue. Dans la relation sadomasochiste, deux personnes se détruisent mutuellement mais sont accrochées l'une à l'autre. Et l'on sait que beaucoup de couples ont une composante sadomasochiste.

Ne nous leurrons pas. Aimer, c'est d'une certaine façon entrer dans une dépendance, réciproque ou non. Mais cette dépendance est relative : si tu me quittes, si tu meurs, je vivrai un manque, une souffrance, un deuil mais je survivrai. En quelque sorte, il y a une dépendance qui reste saine et une dépendance maladive. La dépendance maladive prend racine dans le manque d'amour et le manque d'estime de soi : y a-t-il quelqu'un pour remplir mon vide ? Pour que tu le fasses je veux bien être ton paillasson, je veux bien être l'ombre de ton ombre.

Nous sommes tous dépendants positifs du sexe, du pouvoir, du travail, de l'amour, mais la dépendance négative se signale par une souffrance, une frustration insurmontable, synonyme de déséquilibre, de destruction. Le besoin échappe à la volonté, comme vis-à-vis d'une drogue. Quand une personnalité est altérée, qu'un conflit intérieur s'instaure, qu'une destruction physique ou psychique est amorcée, le mot dépendance s'impose. Cette dépendance peut être cachée, refoulée et faire partie d'un mensonge personnel.

Si la privation survient dans la dépendance maladive, les étapes du deuil apparaissent : le déni, la colère, le marchandage, la tristesse dépressive et enfin l'acceptation. Car la perte s'accompagne d'un gain : la personne qui sort d'un fusionnel redécouvre ses désirs propres et sa capacité à dire non. Le moi cesse d'être identifié à la relation, il perd de la protection, de la prise en charge et il gagne de l'espace d'affirmation. Si j'ai rencontré une personne qui a accepté de remplir ma vie, son départ me laissera désemparé(e) au début mais me donnera aussi l'opportunité d'une croissance.

La dépendance se retrouve dans plusieurs rayons : le fusionnel, le dominant-dominé, le révolté et l'homme-anima du cinquième rayon avec chaque fois une coloration un peu différente :

– la dépendance fusionnelle, celle de l'amoureux(se) et du drogué, est soutenue par une forte aspiration à l'unité et se trompe d'objectif ;

– la dépendance structurée du second rayon est caractérisée par la soumission féminine et la domination masculine, deux formes de dépendance qui se répondent : la fidélité sexuelle de la femme est au centre de cette organisation ;

– la dépendance conflictuelle s'exprime dans l'attraction qu'exerce l'échange agressif de deux personnes qui restent agrippées l'une à l'autre dans l'espoir de vaincre et le plaisir masochiste de la souffrance, la sienne et celle de l'autre ; chacun peut se définir comme un blessé et un blessant, ce qui engendre une relation en huit à l'infini ;

– la dépendance du cinquième rayon fait allusion au fait qu'un homme plus féminin sera irrésistiblement attiré par une femme plus masculine et inversement. Cet emboîtement crée une forme de dépendance plus visible chez l'homme et plus souterraine mais tout aussi réelle chez la femme. Ce « nouveau » type de couple est en constante augmentation et le sera encore dans les décennies à venir.

Qu'est-ce que l'indépendance ?

L'esclave lutte pour son indépendance, le maître lui croit la posséder alors que sa situation dépend souvent de ceux qui ont accepté de se mettre à son service. On peut se demander si l'indépendance n'est pas une illusion de l'ego. Est-ce le fait d'avoir été si dépendant dans l'enfance qui construit ce rêve : « Quand je serai grand je ferai ce que je veux » ? Ne s'agit-il pas d'une réaction à la dépendance fusionnelle ? L'indépendance s'inscrit dans le processus de différenciation. C'est une belle et nécessaire illusion de l'être en quête de sa liberté.

Il s'agit d'un stade de croissance mais qui ne doit pas se prendre pour une fin sous peine de dégénérer en processus pathologique. L'indépendance a comme synonyme l'invulnérabilité, le durcissement, la coupure. L'indépendant n'a besoin de personne et s'isole dans un désert relationnel, prisonnier de son système de protection et de défense.

On retrouve l'indépendance dans deux rayons : le deuxième rayon dominant-dominé, et la femme-anima du cinquième rayon. C'est d'abord l'homme qui joue de façon patriarcale au héros solaire et indépendant, puis la femme, qui cherche son masculin, entreprend un parcours de libération qui lui fait croire à l'indépendance.

Qu'est-ce que la co-dépendance ?

La co-dépendance est d'une certaine manière plus voilée que la dépendance. L'alcoolique, le drogué, le sans-travail ou le fou de travail, c'est l'autre. La personne co-dépendante est dépendante d'une personne dépendante parce qu'elle veut l'aider ou la sauver. Elle réagit à l'autre et à ses difficultés au lieu de sentir et d'agir en fonction d'elle-même. Son problème, c'est l'autre, ce qui la fait passer à côté d'elle-même. Cette attitude installe des habitudes autodestructrices, un engrenage qui parfois s'accélère.

Le co-dépendant est un dominant au nom de l'amour qui vous contrôle et vous harcèle pour vous faire changer. C'est lui qui écrit le scénario, et il est prêt à tout pour vous faire entrer dans le rôle. Imaginons un couple composé d'un alcoolique et d'un sauveur. Apparemment le sauveur tente d'amener l'alcoolique à ne plus boire. Mais, si l'alcoolique cesse de boire, le rôle de sauveur disparaît, et il n'est pas impossible que la relation s'achève. Souvent, on adopte ce profil parce que dans l'enfance on a déjà joué un rôle de co-dépendant par rapport au parent : le conjoint permet de revivre l'intensité de nos premières expériences.

Le co-dépendant est comme une jeune fille naïve qui embrasse un crapaud en espérant qu'il se changera en prince. En fait, c'est elle qui se transforme en crapaud. Beaucoup de co-dépendants sont attirés irrésistiblement par des crapauds et, parfois, tout ce qu'ils parviennent à faire, c'est à ne pas sauter dans la mare avec eux.

Le co-dépendant appartient à la famille des victimes et tente d'assumer le masque du créateur. Il domine apparemment, mais il est profondément manipulé par son besoin du problème de l'autre. Ce dépendant qui s'ignore comme tel s'occupe des autres alors qu'il voudrait qu'on s'occupe de lui et il ne sortira de son enfer qu'en réapprenant l'amour de lui-même à travers toutes les étapes de croissance.

On retrouve de la co-dépendance dans les cinq premiers rayons, à travers le fusionnel, le dominant-dominé, le révolté, mais aussi, et c'est plus inattendu, dans le rayon éclairé où la distorsion entre les paroles et les faits introduit une souffrance et où elle correspond à un mensonge entretenu par deux partenaires.

Qu'est-ce que la contre-dépendance ?

Elle consiste à quitter une dépendance pour une autre tout en croyant gagner de la liberté. Deux personnes qui refusent de s'avouer leurs sentiments mutuels vont s'efforcer de se maintenir à bonne distance l'une de l'autre, entrant ainsi en lutte avec leur désir d'être ensemble. En fait ce désir ne fait que s'exacerber, les rendant encore plus dépendantes l'une de l'autre. De peur de céder à leur attraction mutuelle, il arrive qu'elles s'enferment dans une relation agressive.

La contre-dépendance se caractérise par un conflit avec soi-même, demande un dépassement, une prise de conscience et une acceptation de ce qui est.

La contre-dépendance est par essence un non, mais un non qui me divise, qui me fait entrer en lutte avec moi-même.

Qu'est-ce que l'interdépendance ?

C'est la reconnaissance raisonnée et raisonnable du besoin que j'ai de l'autre et de tout ce qui m'entoure. Je suis tissé dans les échanges. Je cesse d'opposer, je commence à « apposer ».

Elle correspond à un progrès de conscience. Il ne s'agit plus de devenir indépendant, de se replier sur soi avec son système de défense, mais de reconnaître sa propre utilité et celle des autres dans une survie réciproque. Ce langage concerne l'individu et les nations. Il n'est plus d'inspiration patriarcale, il relève d'une vision plus relative et coopérante. L'interdépendance commence sur le rayon éclairé et se poursuit dans le sixième rayon aux côtés de l'autonomie. C'est une notion ouverte et évolutive qui invite au respect mutuel.

Comment faire la jonction entre le point de vue du créateur et l'interdépendance ? Vous êtes amené à mesurer qu'il y a des choses que vous ne pouvez pas changer, mais que vous pouvez changer votre attitude par rapport à elles. Pour que cela se fasse il faut que la conscience éclairée exerce sa lucidité et sorte de l'impasse des contradictions. C'est une notion très importante pour l'androgyne du sixième rayon.

Qu'est-ce que l'autonomie ?

Précisément l'autonomie fleurit avec ce sixième rayon qui suppose que le masculin et le féminin sont harmonisés dans l'être au moins à cinquante pour cent. L'androgyne homme ou femme jouit d'une solitude harmonieuse, pleine, qui correspond à un niveau d'éveil intérieur. Dans une relation, il garde contact avec son centre, il est devenu son propre maître. Il n'a besoin d'aucune approbation extérieure, il a confiance dans son jugement et ses choix.

Un piège subsiste néanmoins. Il peut s'autosatisfaire dans cet équilibre personnel et refuser de se remettre en jeu dans une relation intime parce qu'il craint de se décentrer. Son équilibre chèrement acquis reste vulnérable. Le risque consiste à s'enfermer dans l'autarcie au lieu de s'ouvrir à une nouvelle forme d'amour rendue possible par ce progrès de conscience.

Le fusionnel de deuxième naissance

Que serait le fait d'oser le fusionnel, de retrouver le sentiment d'unité sans la prison qui lui était attachée ?

Le fusionnel de première naissance provoque une fascination, une fusion, un sentiment d'unité et d'englobement. En un tour de spirale, il produit de la dépendance, de la co-dépendance, de la contre-dépendance, de l'indépendance, de l'interdépendance et de l'autonomie au fur et à mesure que se développent les stades de croissance de la roue. Mais plus je me libère, plus je peux oser l'unité du fusionnel : après avoir trouvé mon individualité, je peux la mettre en jeu, la perdre et la retrouver.

Quand on est amoureux, la grâce de l'unité se manifeste comme par effraction. Le premier fusionnel dit « Je suis toi » tandis que le fusionnel de deuxième naissance dit « Je suis nous ». Ce n'est plus l'autre qui me donne accès au tout, cette expérience est enracinée en moi. Le fusionnel de deuxième naissance permet d'être amoureux sans quitter le Soi, et plus je me libère, plus je peux oser le fusionnel sans craindre de me perdre.

Plus je tourne sur la spirale, plus je suis près du Soi, plus les tours sont courts et aisés, plus j'accepte toutes les facettes de la vie, chaque archétype devient positif.

Pour illustrer le septième rayon de la sagesse et sa connivence avec le fusionnel de deuxième naissance, je recourrai à un exemple.

Il était une fois un homme qui avait eu des expériences spirituelles très tôt dans sa vie et qui était considéré par ses proches comme un éveillé. Il enseignait donc régulièrement à toutes sortes d'élèves. Un jour, il rencontra une jeune fille qui avait l'âge de sa propre fille et il en tomba éperdument amoureux.

Que s'est-il passé ? Si nous regardons notre roue, nous constatons que cet homme était en contact avec le fusionnel de deuxième naissance et qu'il a enclenché un fusionnel de première naissance. La sagesse, en effet, ne consiste pas forcément à rester immobile à la fin d'un tour de spirale, mais parfois à oser remettre en jeu l'acquis précédent, à rechercher à nouveau la passion, la vie. Dans le septième rayon, on trouve en positif l'humilité et en négatif l'ego spirituel. Si je reviens à notre homme, il n'est pas impossible qu'il ait flirté avec l'ego spirituel. Confronté à un nouveau fusionnel de première naissance, il a une chance de trouver l'humilité. Pour sa famille, il est tombé de son piédestal de maître. Mais en terme d'être, il a vu en cette jeune fille la Déesse, et sa vie intérieure s'est enrichie de cette passion.

On ne peut pas toujours séparer sagesse et folie. Parfois les sages se retirent en haut de la montagne pour méditer mais parfois aussi ils se mêlent aux autres hommes et se confrontent à l'énergie de leurs folies. Nous pouvons nous attarder dans le septième rayon mais il n'est pas dit qu'une passion ne vienne pas nous chercher pour nous faire apprécier un nouveau tour de manège. Ainsi la vie vient nous bousculer dans nos fausses sagesses.

Les déclinaisons du fusionnel dans le couple

Le couple fusionnel-dépendance et co-dépendance

C'est l'élan des débuts de la rencontre. Par la grâce de l'état amoureux, chacun s'efforce de maintenir le paradis du 1 + 1 = 1, qui s'apparente dès le départ à une folie et à une sainteté. Souterrainement, comme dans la relation mère-fœtus se dessine le problème de qui nourrit qui : faire couple certes, se fondre dans le nous mais au profit de qui ? Pendant combien de temps aurons-nous les mêmes désirs, les mêmes plaisirs, les mêmes loisirs, les mêmes horaires, les mêmes amis, la même maison ? Au premier froissement de sensibilité, nous reculons à l'idée de remettre notre bien-être entre les mains de quelqu'un. Nous craignons à juste titre une dépendance affective.

Les fanatiques du nous s'arrangent pour avoir le même métier et se quitter le moins possible. On dit que les partenaires de vieux couples se ressemblent, qu'ils n'ont pas besoin de terminer leurs phrases pour que l'autre les comprenne. Si l'un meurt, l'autre ne tarde pas à le suivre ou demeure inconsolable. Nous avons plutôt tendance à envier ce type de couple fusionnel avec l'impression qu'ils ont trouvé une sorte de bulle invulnérable face au monde.

« Quand tu n'es pas là, je m'ennuie, je souffre, tout est décoloré. J'ai besoin de toi, je ne peux pas vivre sans toi, je me perds en toi, je me trouve en toi. Je ne peux pas me passer de toi. Je suis prêt à sacrifier mes goûts, mon temps pour être avec toi. C'est auprès de toi que ma vie prend sens. Je t'ai dans la peau. Je t'ai dans l'âme.

Sans toi je ne suis rien. Tu es ma drogue, mon espérance et mon idéal. »

Est-ce pire, est-ce meilleur ? Selon qui l'on est, ces phrases peuvent représenter de vraies déclarations d'amour ou au contraire des aveux d'addiction et de dépossession de soi. Les partenaires de tels couples dépendent l'un de l'autre comme d'autres dépendent de l'alcool, de la nourriture, d'un excès ou d'un manque, d'un travail ou d'un chef. Une telle fusion a besoin d'être constituée de deux « je » déjà bien construits qui ne se dissoudront pas dans le nous.

Quand une personne arrive de l'adolescence avec un manque d'amour, elle manque de confiance en elle, elle est restée intérieurement un enfant immature et elle se jette dans la relation amoureuse à corps perdu, à âme perdue. Mais le narcissisme de soi l'emporte sur l'empathie avec l'autre. Ce fusionnel menaçant pour le je ne tarde pas à alimenter une relation amour-haine. On passe du désir de se fondre à la peur de se perdre, de l'enchantement au désespoir, de l'euphorie à la dépression. Deux partenaires sont ainsi deux enfants immatures qui idéalisent l'amour et diabolisent la haine.

Le couple fusionnel se heurte aux limites et aux paradoxes de la dépendance. Si le couple reste un espace d'évolution, chacun des deux partenaires évoluera selon différentes étapes : sur la roue de la transformation, le couple de la différenciation, le couple du conflit, le couple éclairé, le couple lunaire, le couple androgyne et le couple éveillé permettront d'explorer l'indépendance, la contre-dépendance, la co-dépendance, l'interdépendance et l'autonomie. Ces sept stades de croissance correspondront aussi à sept deuils et à sept gains sur un parcours en spirale où se perfectionnera toujours un acquis précaire. Concernant le couple il s'agira toujours de trouver un mode qui permette plus de liberté et d'engagement.

Le couple patriarcal ou le couple dépendance/indépendance et contre-dépendance

Dans la relation de domination et de soumission, bourreau-victime, exploitant-exploité, on retrouve la dépendance mais aussi la contre-dépendance et l'indépendance. La victime mais aussi le bourreau sont addictés à un mode relationnel auquel ils coopèrent et contre lequel ils luttent.

Le dominant se croit indépendant, il vit un moi bien constitué et il investit beaucoup moins d'énergie dans la relation que le fusionnel. Il s'efforce de prouver sa compétence et sa créativité. À ce stade narcissique, c'est sa réussite qui importe, et tout l'entourage doit être à son service. Mais il s'illusionne sur son indépendance qui n'est que de surface. Pour se maintenir au-dessus, il a besoin que les autres restent au-dessous.

En revanche, le soumis se vit comme dépendant avec des poussées de révolte qui l'amènent à dire non à cette dominance : « Tu m'empêches de vivre », « Sans toi je ferais beaucoup de choses ». Le responsable est toujours l'autre. Quitter cette soumission, c'est aussi quitter la personne qui donne du sens à ce jeu, renoncer à se plaindre et à jouer les victimes.

Le couple patriarcal traditionnel avec un homme dominant et une femme dominée illustre bien ce stade. L'homme, qui se veut fort et invulnérable, s'abandonne difficilement à l'expression de ses sentiments ; il vit dans l'ambivalence un désir de fusion refoulé, une peur de l'englobement de la mère et une peur d'avoir à revivre la séparation de la petite enfance. D'où son fonctionnement contre-dépendant et son affirmation d'indépendance. La femme a peur que l'homme ne l'envahisse comme sa mère l'a envahie et elle cherche la bonne distance qui lui permettra d'exister.

Le couple conflictuel : contre-dépendance et co-dépendance

Au stade du conflit, la contre-dépendance s'exacerbe et le désir d'indépendance tient lieu d'idéal. L'énergie du conflit est si intense qu'elle peut recréer une dépendance. Le plaisir de détruire tend à se substituer au plaisir de construire. La question qui se pose, c'est : comment faire pour sortir du conflit ?

Dans un couple patriarcal, la révolte n'est jamais très loin. La guerre des sexes se double d'une guerre pour la reconnaissance et le pouvoir. Chacun s'efforce d'anéantir l'autre. Chacun veut que sa valeur d'être humain soit reconnue par l'autre. En réalité, personne ne gagne et les deux partenaires s'éreintent mutuellement dans un jeu à somme nulle. Le cercle vicieux du blessé-blessant les amène à tourner en rond, ballottés par les courants versatiles de l'anxiété. Quand l'un se retire, l'autre se lance à sa poursuite. Puis la course change de direction. Un monde de culpabilité latente ou déclarée les sépare. Le couple devient un lieu de disette affective où le tout vaut moins que la somme des parties. Cette guerre conjugale est celle de deux enfants qui exigent l'un de l'autre des qualités parentales plus gratifiantes que celles qu'ils ont connues dans leur enfance. Pour avoir raison chacun s'efforce d'anéantir l'autre.

Un couple qui a commencé par l'amour arrive ainsi au conflit parce que notre culture nous pousse davantage à la compétition qu'à la coopération. Or ce conflit opère une véritable saignée spirituelle. C'est un réflexe de survie qui arrête le combat avant l'anéantissement, réflexe de survie et sursaut de conscience. La fin du conflit crée un sentiment de vide, de solitude. Mais le gain est décisif : il permet d'envisager une nouvelle créativité, une nouvelle estime de soi dans la paix retrouvée.

Le couple éclairé : interdépendance et co-dépendance

Le couple veut sortir de l'enfer du conflit. Il s'efforce de réfléchir, de prendre de la distance. Il théorise, il lit, il se fait aider par des thérapeutes, mais il a bien du mal à incarner son savoir tout frais. Pourtant c'est un moment porteur d'espoir.

On effleure le principe de l'interdépendance où chacun accepte de se remettre en cause et d'envisager que les deux parties soient gagnantes. Les deux partenaires cultivent le désir de se mettre à l'unisson : le oui tente de l'emporter sur le non, mais ce oui est encore conditionnel. Des théories égalitaires sur l'homme et la femme sont adoptées mais les positions dominant et dominé sont encore vécues en alternance. La dépendance, l'engagement, le sacrifice ne sont plus les valeurs recherchées, l'amour est conçu comme un art à découvrir, mais la mise en pratique dans la réalité quotidienne laisse souvent insatisfait. Les anciens comportements ne sont plus valables mais les nouveaux se cherchent. Que donnent l'égalité et le partage des tâches ? Qu'est-ce que mieux communiquer ? Comment exprimer sa colère ?

Le couple des polarités nouvelles

Il doit faire face aux changements des identités. L'homme intègre davantage le creux du féminin, la sensibilité s'exprime, l'anima se cherche. La femme prend une place active, réveille sa compétence, son ambition, son animus se développe. La dépendance est davantage incarnée par l'homme, l'indépendance par la femme : les rôles sont inversés par rapport au couple patriarcal. L'interdépendance se manifeste aussi : elle est parfois comme un duel silencieux mais elle devient aussi un jeu, une manière de chanter ensemble avec harmonie. Il a fallu des trésors d'énergie, de subtilité dans ce labyrinthe émotionnel, mais les deux parties sont gagnantes et le couple se transforme en arène des possibilités de bonheur.

Le couple solaire-lunaire

Il réunit deux personnes en voie de complétude masculin-féminin, deux personnalités plus autonomes. Le couple intérieur soutient l'enfant intérieur de chacun, l'amour de soi trouve son fondement : aimer son enfant intérieur, aimer l'enfant intérieur de l'autre.

La réalisation du moi les place face à un nouveau piège : l'autosatisfaction et l'autarcie, mais les autorise aussi à un dépassement. À ce stade on peut parler du deuil du moi et de l'épanouissement de l'amour dans ce qu'il a d'inconditionnel. L'ouverture spirituelle ne cesse de croître et la prise de conscience du vaste, de l'appartenance à une collectivité permet d'approcher le sens de la vie.

L'exigence intérieure conduit la relation : deux âmes s'appellent, la sexualité se transforme. La notion du juste prend sa place.

Le couple éveillé

La conscience s'inscrit au quotidien et inspire la majorité des actes. La sagesse s'épanouit. Le fusionnel de deuxième naissance est abordé sans peur. Il est une croissance naturelle. Plus l'être s'individualise, plus il peut se fondre à l'autre sans se perdre, que celui-ci soit humain ou divin. La grande profondeur de cet échange nourrit la foi dans l'être et inversement. L'expérience de la communion s'incarne.

Mais la roue tourne. Le fusionnel de première naissance demande à nouveau de nourrir de désordre et de passion cet ordre spiritualisé. Rares sont les couples qui vivent ensemble majoritairement au stade éveillé. Peut-être même n'en existe-t-il pas à notre époque.

Un couple est fait de tous ces stades qui sont traversés et expérimentés parfois plusieurs fois par jour. Le fait de les connaître permet de ne pas prendre trop au sérieux les étapes de la domination et du conflit. Nous n'usons pas notre violence en une seule fois, mais peu à peu au fil du temps : cette humilité fait aussi partie de la sagesse du parcours. Nous tournons encore et encore sur les sept étapes de la roue de transformation.

Nous prenons conscience que rien n'est à dépasser définitivement, tous les archétypes demandent seulement une mutation, une transformation. La dépendance est bonne tout comme la contre-dépendance, l'indépendance, l'interdépendance ou l'autonomie pourvu que chaque comportement soit vécu en conscience. Chacun d'eux comporte un piège, chacun d'eux recèle un trésor. En s'enfermant dans l'un ou l'autre, la clef de libération comportera un deuil et un gain. Il y a bien croissance sur la roue d'évolution, non pas croissance linéaire mais croissance circulaire.

Couple différentiel, couple fissionnel, polygamie, polyfidélité ?

Le sentiment général exprime un doute sur la pérennité du couple. La société cherche une ouverture, une alternative au ménage fermé sur le deux et à l'institution du mariage qui enferme deux individus à vie dans une association d'intérêts construite autour d'une structure affective. S'aimer, oui, mais pas à n'importe quel prix.

La nouvelle perspective qui se profile est celle de deux libertés en marche acceptant de se fondre l'une dans l'autre dans un fusionnel conscient. Une perte de substance contrôlée. Nous avons très peu de modèles de ce type de couple, mais nous le portons tous en nous. Michel Cazenave parle de couple différentiel, ce qui fait allusion au fait que deux personnes ont besoin d'intégrer et de préserver leurs différences pour se rapprocher davantage, oser la fusion. Serge Chaumier annonce le couple fissionnel. Dans le même esprit, je nomme couple androgyne le couple qui expérimente deux autonomies et deux engagements.

Mais quelle union est possible entre deux autonomies ? Comment allons-nous faire vivre notre amour tout en préservant notre liberté ? La manière d'incarner ce paradoxe varie d'un couple à l'autre : il en est qui se préservent un espace de croissance individuelle avec des appartements séparés, des chambres à part ; ou bien chacun passe chaque semaine une soirée totalement libre dont il n'a pas à rendre compte à l'autre, ou une semaine de vacances sur quatre loin de l'autre... Pour certains, seuls danses et flirts sont permis mais sans investissement affectif ou sexuel. D'autres réclament une fidélité affective mais les relations sexuelles sont possibles...

Serge Chaumier a constaté que la monogamie conduit aujourd'hui à changer souvent de partenaires, ce qu'on peut considérer comme une polygamie successive. Et il pose la question : « Et si au lieu d'enchaîner les relations les unes après les autres et de renier à chaque fois la précédente nous les vivions en parallèle ? » De manière marginale, un certain nombre de personnes expérimentent déjà une fidélité plurielle, additionnelle : on parle de polyfidélité.

Ainsi Jeanne, qui n'a pas d'enfant, vit depuis vingt ans avec André, mais depuis dix ans elle retrouve Hughes plusieurs jours par mois. Hughes est marié et sa femme voit en Jeanne une amie. Depuis deux ans enfin, Jeanne vit une passion homosexuelle avec Nathalie qui, elle, aimerait par ailleurs rencontrer un homme et avoir des enfants – ni l'une ni l'autre n'était homosexuelle avant leur rencontre. Jeanne entretient des relations affectives et sexuelles avec ses trois partenaires.

Les questions ne manqueront pas de fuser, ainsi que les sarcasmes : Quel type de relation Jeanne peut-elle nourrir avec chacun d'entre eux ? Comment une femme peut-elle aimer deux hommes ? Et comment une femme peut-elle aimer deux hommes et une femme ? Un être humain peut-il aimer trois personnes en même temps sur tous les plans ? Est-ce un enrichissement ou un morcellement ? Est-ce une condition enviable ? Est-elle facile à vivre ? Peut-on s'épanouir dans une vie si diversifiée pour ne pas dire compliquée ? N'y a-t-il pas des moments de doute ? N'existe-t-il pas un désir de choisir, de s'en tenir à un seul partenaire ? Ne serait-ce pas une manière de préserver sa liberté ou de ne pas s'engager vraiment ? Jeanne n'a-t-elle pas multiplié les relations parce qu'il y avait chez elle un manque au niveau de la maternité ?

Mais, sans s'identifier à Jeanne, ne peut-on voir en elle une pionnière, qui a créé la solution qui la concerne mais qui nous concerne tous aussi dans la mesure où nous cherchons une réponse et des formes nouvelles dans la manière d'aimer et d'être aimé [1] ?

Il ne semble pas que ceux qui expérimentent aujourd'hui un engagement pluriel aient choisi rationnellement la polyfidélité : ils l'ont acceptée et ils ont tenté d'y trouver un équilibre. Leur langage n'est ni de confort ni de libertinage, ils naviguent en tentant d'éviter les

---

1. Cf. : *Bienheureuse infidélité*, Albin Michel, 2003.

écueils et de continuer de s'émerveiller des moments de grâce. La fidélité à l'autre signifie pour eux constance dans la relation et non exclusivité sexuelle : n'est-ce pas d'ailleurs ce que revendiquent beaucoup d'hommes de pouvoir qui ont des maîtresses ou mènent des doubles vies ? Souvent à sens unique d'ailleurs car ils exigent, eux, une exclusivité qu'ils ne donnent pas.

Les vieux schémas de la possession et de la jalousie sont bousculés. Y échappent-ils ? Oui et non. Serge Chaumier considère que la jalousie est culturelle, qu'elle n'est pas un signe d'amour, mais une marque d'insécurité et de dépendance. Elle est une conséquence d'une conception romantique et exclusive de l'amour : « Je t'aime toi et toi seul, tu es l'élu qui m'était destiné de toute éternité, tu es l'âme sœur. » Si l'on se reporte à la roue de transformation qui est proposée tout au long de ce livre, il est facile de se rendre compte que, dans les trois premiers stades, la possession est vécue comme une nécessité : lorsque l'on n'existe que par l'autre, le moindre détournement de regard devient une catastrophe existentielle, et il faut bien reconnaître que la plupart des habitants de la planète fonctionnent sur ces rayons. Mais, dès le quatrième stade, il y a davantage d'ouverture : le recentrage sur soi tend à créer des fonctionnements d'alter ego. Au sixième stade, l'autonomie est posée, il devient possible d'imaginer que chacun garde sa liberté sexuelle sans obligation de parler ni obligation de se taire sur l'existence de ses aventures.

C'est la théorie. Mais, lorsque celle-ci se réalise, quelques-uns s'écroulent, tordus par les affres de la jalousie. Que celui qui n'a jamais ressenti ces frémissements terribles leur jette la première pierre. On ne peut jamais à la fois oser aimer et garantir qu'on ne se retrouvera pas hurlant de douleur face aux libertés prises par l'autre. La jalousie fait résonner d'autres blessures d'enfance, et nous sommes en ce sens inégaux devant ce monstre.

Peut-on l'apprivoiser ? Rien n'est garanti dans ce domaine, on ne prend pas d'assurance sur l'amour. Mais tout dépend de la manière dont chacun dispense son amour : si je ne me sens pas lésé, pourquoi serai-je jaloux ? Si tu es avec moi entier et vivant, aimant et présent, je peux me réjouir de ce qui t'enrichit.

La solution est assez simple. Elle pose des temps successifs : entrer et sortir. L'amour demande du dépassement de soi, lequel ne va pas sans une consolidation du moi. Nous n'en avons jamais vraiment fini avec l'archaïsme du fusionnel, avec sa puissance dévorante et sa démission de soi. Alternativement nous sommes les carnivores et les proies. Puis nous civilisons notre avidité et notre violence de survie, nous structurons des pouvoirs et des obédiences, et le déchaînement du conflit n'est jamais loin. Heureusement, nous avons en nous cette aspiration à l'amour, au partage, à la communication, à la communion... En construisant un comportemental souple sur l'actif et le réceptif, nous devenons capables d'incarner de l'autonomie et de l'engagement.

Il faut le dire à tous les intellectuels pessimistes qui se font une grandeur de l'entretien de leur doute : nous sommes arrivés à un point de conscience et de conceptualisation d'outils où il est possible d'accompagner son changement, sa libération intérieure et extérieure des vieux schémas destructeurs. À chacun aujourd'hui d'inventer son rythme, son ouverture, sa marge de liberté.

LA ROUE DE LA TRANSFORMATION

Le dominant-dominé

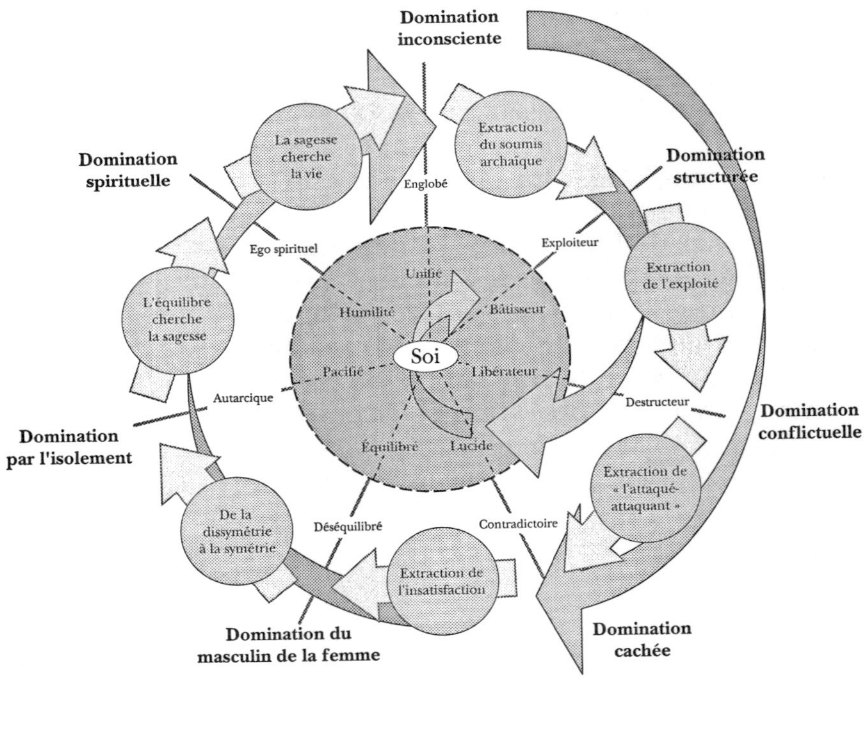

Le dominant-dominé, un mode relationnel

Les différentes sortes de domination et de soumission sur la roue de transformation

Maintenant que vous connaissez les différents archétypes, vous vous rendez compte qu'il peut y avoir une domination inconsciente, structurée, conflictuelle, cachée, une domination du masculin de la femme, une domination par l'isolement, et une domination spirituelle.

La domination inconsciente du premier rayon est celle qui s'exerce de manière type par la mère porteuse de vie mais aussi par tout individu doté biologiquement de force, d'intelligence ou toute autre qualité qui le met en position de supériorité non voulue. L'aspect positif d'une domination inconsciente tient à son innocente unité. La situation coule de source, un ordre est créé et l'harmonie va de soi. En négatif, cet ordre devient étouffant, il empêche la croissance : une personne admirable ou inaccessible peut constituer un obstacle à l'affirmation d'une autre. Celui qui souffre de cet englobement stérilisant tente de s'en extraire en initiant le mouvement qui permet de passer au deuxième rayon.

La domination structurée s'inscrit très visiblement sur le plan social et a des mots pour se dire. Le dominant est persuadé de sa supériorité politique, morale, financière, et plus les pouvoirs sont conjugués, plus ils se renforcent. Proche du Soi, ce type de domination contribue à construire un ordre efficient où chacun trouve sa place, permettant la réalisation de grands projets, la mise en place d'administrations, de gouvernements, de chantiers, d'entreprises. La coordination de l'autorité, son organisation pyramidale est à la base des civilisations de conquête. Mais l'exploitation n'est jamais loin, même quand la soumission est volontaire. Quand on est dans une situation de dominant, l'apport vient de dehors, on gonfle, et on quitte le Soi. Comment ne pas être possédé par ce qu'on possède ?

Pourquoi la capacité conflictuelle augmente-t-elle dans notre monde ? Parce qu'il y a de plus en plus d'individus riches, pas seulement de possessions, mais aussi de savoir, de capacités, menacés et menaçants, blessés et blessants face à tous ceux qui vivent dans le minimum et en dessous de ce minimum.

Un mouvement positif anime, à la fois souterrainement et visiblement, notre histoire : depuis des millénaires, tous les esclaves, toutes les minorités exploitées se révoltent, et si vous êtes en situation de minorité exploitée dans votre constellation familiale, vous pouvez être sûr que vous êtes en train d'entreprendre un trajet de révolte. L'accumulation de la tension de l'exploitation conduit intérieurement à une force de changement. Elle produit du désordre dans l'ordre qu'on avait déjà mis dans sa vie, mais en même temps, grâce à elle, on va pouvoir bouger. Plus on est jeune, plus on a de force de changement, mais on peut conserver un potentiel de révolte à n'importe quel âge. L'exploité est le vecteur du changement.

Le troisième rayon du conflit apporte un souffle libérateur, mais on peut aussi s'enkyster dans un conflit, larvé ou ouvert, qui devient destructeur. Deux forces s'opposent jusqu'à l'anéantissement. Seule la compréhension de la relation gagnant-gagnant peut donner des outils pour en sortir. Trop souvent, on en reste à une relation attaqué-attaquant, blessé-blessant qui saigne à blanc les deux protagonistes, qu'il s'agisse d'un couple, de deux adversaires financiers, de deux nations.

Il faut que l'un des deux au moins découvre le désir d'un apaisement et la vertu du dialogue pour qu'on passe au quatrième rayon, celui de la bonne volonté éclairée. Le dominant se met en cause. Par exemple : les hommes affirment qu'ils vont partager avec les femmes les tâches ménagères. Mais, dans la réalité, on s'aperçoit que ça bouge très lentement : c'est que le changement demande un alignement opérationnel. Certaines parties de nous sont d'accord, et d'autres non ; généralement, l'enfant rebelle en nous n'a pas envie de faire d'efforts, et veut continuer à jouir immédiatement et sans attendre. Cette partie de jouissance est ludique, nous en avons besoin dans notre joie de vivre, elle refuse de sacrifier l'instant présent à l'avenir : pourquoi ferais-je des études longues et difficiles ? pourquoi me priverais-je de bien manger aujourd'hui, pour être mince demain ? Cette différence a toujours été au cœur de l'actif et du réceptif : l'actif sacrifie le présent au nom de l'avenir, le réceptif, lui, jouit de l'instant, et cela devient parfois une source d'incompréhension.

Dans le mouvement de cette bonne volonté éclairée, il reste donc une domination cachée. Le dominant annonce qu'il va donner du pouvoir au dominé, mais il ne le fait pas. Si bien que l'exploité, ou le dominé, se retrouve floué par un discours ambigu. La lucidité constitue le positif de ce quatrième rayon, mais une sensation d'inconfort et d'incohérence amène une insatisfaction qui est le moteur d'un nouveau changement concernant les identités d'homme et de femme.

L'homme, au cinquième stade, cherche son utérus, et la femme son phallus. Les pôles sont intervertis. Aujourd'hui la société expérimente en partie cet archétype : pendant longtemps il n'y avait que des individus isolés, illuminés ou poètes qui avançaient vers leur féminin, et quelques femmes comme George Sand qui transgressaient et parvenaient à incarner leur masculin ; les identités masculine et féminine commencent à évoluer. Les hommes refusent parfois leur domination masculine, mais connaissent moins bien, peut-être, l'affaiblissement par la sensibilité qui creuse son sillon dans l'inconscient. Certaines femmes ont découvert la domination inconsciente, structurée, conflictuelle ou cachée, d'autres celle de leur côté phallique. Le masculin de la femme peut être dominant, notamment dans le couple, et dans notre monde, cette inversion constitue une nouvelle donne : nous ne savons pas encore vraiment ce qu'il en adviendra, la notion du masculin n'appartient ni à l'homme ni à la femme, mais à tous les deux.

Pendant longtemps, le masculin a été joué par les hommes. Aujourd'hui certains aspects de l'actif sont incarnés par des corps de femmes. Pour le moment, les femmes de pouvoir sont plus dans l'imitation des modèles masculins que dans la création d'un actif inspiré. Tant qu'elles ne jouent pas vraiment au chat, et que les hommes ne savent pas ce que c'est que d'être la souris, on ne risque pas de sortir de la position dominant-dominé. Mais elles ont la possibilité d'introduire une dimension nouvelle dans l'actif, plus humaine, une manière d'être actif sans s'exploiter les uns les autres. Il y a des millénaires que nous cherchons cette jonction entre l'actif et le réceptif. Une très grande histoire est engagée, dont chacun de nous est un peu l'acteur.

Alors que le masculin et le féminin se frayent un passage complémentaire dans les deux sexes, l'inconfort de polarités dissymétriques, trop de masculin, trop de féminin, ou pas assez, se manifeste. Trop de dureté chez les femmes, trop de sensibilité chez les hommes, ce déséquilibre est une réaction à l'ordre patriarcal. Cet inconfort appelle la transformation suivante vers plus d'harmonie.

Les sixième et septième rayons sont moins incarnés mais toujours présents potentiellement : chacun tente un jour de dominer l'autre par ses conceptions spirituelles, ou par ses connaissances en énergétique. L'autonomie que l'on construit en tant qu'androgyne constitue aussi éventuellement un moyen de domination par rapport à l'autre : « Je n'ai besoin de personne », représente la domination par l'isolement. Un risque de fermeture apparaît alors.

Le positif du sixième rayon réside dans la pacification des deux polarités de l'actif et du réceptif : la personne qui crée dans cet équilibre est très différente de celle qui, dans le cinquième rayon, crée pour compenser son déséquilibre. Cette base pacifiée constitue le moteur de l'évolution vers le septième rayon car l'être tend à plus de luminosité dans sa vie.

Se dessine alors le visage d'une humanité qui n'a pas peur de la dominance, qui sort du conflictuel, et entre dans la coopération et la co-création : c'est une grande aventure, parce que l'humanité n'a pas encore appris cette maîtrise. La coopération du sixième rayon représente la façon dont on peut tenter de s'allier en restant chacun très individualisé ; elle suppose l'échange dans la communication, la bienveillance mutuelle, le respect mutuel ; chacun respecte le territoire de l'autre, ce qui est déjà considérable. Mais la co-création du septième rayon va plus loin en mélangeant deux essences, deux substances, dans un mariage intime et fondateur, un fusionnel de deuxième naissance.

Au septième archétype, la domination spirituelle

consiste à prendre pouvoir sur quelqu'un, le faire tourner autour de soi. Le gourou satellise l'autre : c'est une colonisation, une vampirisation, et je pense qu'il faut y prendre garde parce que la personne a des pouvoirs et une circulation d'énergie sans garantie de sagesse. Il se trouve que la domination structurelle et la domination conflictuelle de l'éveillé ne sont pas obligatoirement nettoyées, certaines personnalités peuvent avoir développé les derniers archétypes, tout en n'ayant pas clarifié les premiers, le rapport au père et à la mère. Cet aspect attire l'attention sur les liens qui devraient unir psychologie et spiritualité.

Qu'est-ce que la domination ?

La domination s'établit par l'exercice d'un pouvoir, d'une compétence d'ordre physique, psychique, intellectuelle ou spirituelle. Elle peut être ponctuelle ou quasi permanente. Elle pose problème quand elle devient un rôle, un masque, une structure de personnalité. Elle est aliénante pour ceux qui la subissent et elle emprisonne celui qui l'exerce. Pour se maintenir, elle se nourrit des autres, elle est vampirique.

La domination a pour fonction de rassurer celui qui l'exerce. Elle le légitime, le maintient au-dessus de son propre néant. C'est une sorte de mensonge personnel constant. En ce sens, elle dénature l'expérience humaine : le dominant est coupé en partie de son évolution, il vit au-dessus de ses moyens véritables d'être humain. Il pompe l'énergie des autres, il accapare le temps et l'espace, entretenant sans fin sa dominance.

Le dominant souffre d'isolement et en profondeur il

n'est pas en paix avec lui-même. Il ne connaît pas l'amour. Il se vit souvent sur un mode paranoïaque : les autres sont toujours susceptibles de se rebeller, de le démasquer, d'inverser les rôles. Cette peur en se renforçant le transforme en tyran. Il utilise toutes les armes : il séduit, il arnaque, il dissimule...

Pour se donner bonne conscience, le dominant adopte souvent des rôles moralement gratifiants. Il est le bienfaiteur, le sauveur, il gagne toutes les batailles, même quand on ne lui a rien demandé. Toujours armé de pied en cap, il surveille tout et ne s'abandonne pas. Ses sens sont engourdis au profit de sa vigilance mentale : il ne jouit pas ou pas vraiment, il ne sait pas s'abandonner au plaisir. Incapable de sensibilité et de spontanéité, il ne parvient pas à s'engager intimement avec l'autre. Il vit perpétuellement cuirassé, même au lit, même en mangeant, même en dansant, même en faisant l'amour. Quelque chose de lui est enfermé, enfermant et facilement blessé-blessant.

Aspects historiques et sociaux de la domination

On ne peut rien comprendre à la domination sans la rattacher à l'histoire de l'humanité, à la lutte des sexes pour l'affirmation de soi. La Déesse-Mère des origines manifestait déjà, à travers la toute-puissance de son ventre fécond, une domination sur l'univers et sur les hommes ; elle était sacrée comme la vie elle-même. Sa domination royale n'était pas le fruit d'un désir de conquête, elle se manifestait en toute inconscience, comme une évidence.

Les hommes se vivaient comme des fils-amants fascinés et dominés de cette Déesse-Mère. Pour affirmer la valeur du pénis, ils ont dû s'extraire de la coupe féminine et rendre sacré leur phallus sous la forme de l'épée.

La domination masculine est bâtie sur la force, la coercition et souvent aujourd'hui, quand nous parlons de domination, nous ne savons l'évoquer que sous cet aspect brutal. D'autant plus qu'elle est justifiée moralement par les textes de la Bible. La hiérarchisation des pouvoirs fait partie de l'organisation sociale depuis des millénaires. La « civilisation du triangle », telle que nous la montre Riane Eisler dans son livre *Le Calice et l'Épée*[1], repose sur la domination des hommes sur les femmes et de certains hommes sur d'autres hommes.

Notre monde tente toujours d'instaurer un mode de pensée post-patriarcal, le passage de la domination à la coopération, de rétablir l'influence féminine, de restaurer la dignité individuelle, mais tous les pays de la planète vivent encore sous la férule de chefs politiques et économiques. La peur du désordre et la peur de l'autre, celui qui est différent, favorisent le maintien d'une autorité pyramidale, même si les aspects associatifs gagnent du terrain.

Que pouvons-nous faire ?

La difficulté vient de ce que la domination contraint l'autre à un système de défense qui lui laisse peu d'espace et de temps pour satisfaire ses besoins de croissance et de réalisation. Il ne peut être que réactif face au maître ; et cette réactivité entretient la violence, le dominé devient circulairement complice du jeu de l'autre.

Individuellement, il est possible de sortir de la perversion de la domination et de passer du stade de la défense au stade de la croissance. L'amour, la découverte de l'empathie et sa pratique permettent de quitter le plaisir d'écraser et d'accéder au plaisir de partager.

Collectivement, les hiérarchies maintenues par la violence ou la menace de la violence favorisent de la même manière des structures mentales défensives. La tension,

1. Riane Eisler, *Le Calice et l'Épée*, Robert Laffont, 1963.

la guerre créées au cours des siècles entre l'homme et la femme contribuent aussi à maintenir une pensée guerrière. Si nous apprenons à considérer les différences comme fertiles, nous pouvons rendre les conflits plus productifs que destructeurs. Pour passer de l'exploitation à la coopération, nous devons intervenir sur nos schémas mentaux, cesser d'alimenter la répression. Nous devons réviser notre définition du pouvoir, aussi bien sur le plan collectif que sur le plan individuel, et abandonner nos vieilles façons de penser, de sentir, d'agir :

– mettre fin à la guerre des nations, abolir les frontières, mettre en place de nouvelles institutions internationales ;

– arrêter de dégrader, de polluer l'environnement, de gaspiller nos ressources ;

– consacrer le budget réservé aux armées à développer économiquement, technologiquement et culturellement le tiers-monde ;

– en finir avec la guerre des sexes, instaurer des rapports plus égalitaires entre hommes et femmes, veiller à ce que toutes les femmes aient accès à la santé, à l'éducation et à la vie politique ;

– remplacer les structures hiérarchiques traditionnelles par des structures sociales associatives fondées sur des affinités...

Ce ne sont pas des utopies, certains programmes politiques commencent à s'en inspirer. Pour autant, de telles mesures ne pourront être efficaces que si elles sont accompagnées d'un état d'esprit adéquat. De nouvelles structures plus généreuses et plus ouvertes n'échapperont à la perversion de la possession que si ceux qui les dirigent ont eux-mêmes acquis une certaine hygiène du pouvoir.

Dangereuse soumission, autorité hypnotique

Aujourd'hui le système faute-punition-culpabilité crée des victimes chroniques, des soumis dangereux à des ordres hiérarchiques. Une expérience bien connue (l'expérience de Milgram) a montré comment n'importe quel individu peut se transformer en bourreau sous le couvert d'une autorité extérieure. Recrutés sur petites annonces pour une expérimentation scientifique, des volontaires, appelés « professeurs », étaient chargés d'administrer des décharges électriques de plus en plus violentes (jusqu'à 450 volts, décharge mortelle) à des « élèves » interrogés (en réalité des acteurs complices) chaque fois que ceux-ci commettaient une erreur. Les résultats ont été au-delà du raisonnable : malgré les cris et les supplications de leurs victimes, 65 % des « professeurs » sont allés jusqu'au choc maximal, les autres se sont arrêtés à 300 volts, au coma (simulé)... Interrogés, ils se sont abrités derrière l'autorité scientifique.

Cette expérience donne à réfléchir. L'individu moyen dans la société est conditionné à obéir plus qu'à penser par lui-même : il est donc aisément manipulable dans un contexte d'autorité cohérente. Il est tellement plus facile d'obéir que de se prendre en charge, d'affronter les doutes et les incertitudes. Dans un bel élan d'optimisme et de confiance en soi, chacun demande plus de liberté, mais beaucoup la remettent entre les mains d'un chef à la première occasion. Dans quelle mesure ne sommes-nous pas conditionnés à nous laisser hypnotisés par l'autorité ?

Les mécanismes de domination

Le creux et la bosse

Dès l'enfance, dès la blessure d'enfance, il se crée des structures de dominant, de dominé ou de révolté qui sont autant de réponses à une souffrance affective. Pour survivre face à des adultes tout-puissants, soit l'enfant réussit à prendre le pouvoir, soit il se soumet, soit il se révolte et s'installe dans cette révolte. Dans les trois cas, il a construit une névrose particulière et, selon le principe du creux et de la bosse, le bourreau trouvera sa victime et le révolté une révolte à mener. Le dominé et le révolté ont besoin d'un dominant pour maintenir leur système, le premier pour se soumettre, le second pour s'insurger. Le dominant a besoin d'eux aussi pour exercer son règne et maintenir ses illusions.

L'exploitation réciproque est névrotique et c'est par une prise de conscience de ces mécanismes que nous pouvons un jour espérer avancer vers l'amour.

La domination dans les échanges verbaux

La domination par la force physique n'est pas toujours la pire, la domination par la force de l'esprit peut s'avérer extrêmement pernicieuse. Elle emprunte le plus souvent le véhicule du langage, utilisé à la fois comme outil de prise de pouvoir et arme défensive. Même les gens qui s'aiment n'échappent pas à cette terrible joute au quotidien ; dans le huis clos du couple les échanges prennent une force particulière à propos des circonstances les plus banales. Le sentiment amoureux sous sa forme la plus archaïque est coloré de possessivité, de peur de se perdre, de désir latent de rejet de l'autre : le langage ne manque pas de reproduire tous ces aspects, même inconscients et peu verbalisés.

Qu'est-ce qu'avoir du pouvoir sur quelqu'un ? Faire pression sur lui pour obtenir ce que l'on désire. Imaginons le dialogue suivant :

> LUI : Andrée, c'est l'heure de donner à manger aux enfants.
> ELLE : Je suis occupée, Yves, j'ai un rapport à finir.
> LUI : Tu le termineras tout à l'heure après le dîner.
> ELLE : Pour une fois tu peux t'en occuper.
> LUI : Pas question, j'ai eu une journée éreintante. Et tu fais les choses tellement mieux que moi...
> ELLE, *en soupirant* : Bon, j'y vais.

Avec une plainte et un compliment, il est parvenu à lui faire accomplir ce qu'il voulait ne pas faire.

Cela dit, il accumule un passif. Cette pression la contraint, et son ressentiment de se faire ainsi manipuler ne manquera pas de surgir à une autre occasion : le perdant provisoire fait payer d'une manière ou d'une autre son partenaire. L'avantage de la manipulation est à court terme.

Le dialogue contient des messages explicites et des messages implicites. Les messages explicites concernent le dîner. Les messages implicites pour elle sont : « Tu pourrais bien prendre ta part des tâches ménagères. Je voudrais que tu prennes mon travail en considération. Je voudrais que tu aimes me faire plaisir. Je voudrais d'ailleurs que ce ne soit pas une exception. » Ceux venant de lui : « J'estime qu'avec mon travail au-dehors, je fournis ma quote-part. La préparation des repas m'ennuie et je me sens peu capable de bien faire (= Je te fais un compliment, laisse-toi séduire). Et c'est à la femme de nourrir sa famille, ses enfants et son mari (argument culpabilisant pris dans la conscience collective). »

En ne s'exprimant pas clairement, elle alimente son jeu de pouvoir à lui, et elle adopte un schéma de soumission qu'elle connaît sans doute bien. Mais elle utilise les mêmes outils de langage implicite pour manipuler en retour : dans quelle mesure ne trouve-t-elle pas une certaine jouissance dans le processus de résistance et de soumission, qui lui permet de donner à l'autre son statut de gagnant, statut d'ailleurs traditionnel entre l'homme et la femme ? Il existe ainsi dans ce type d'échanges une forme de complicité.

Nous utilisons le langage comme une arme au quotidien. Nos messages sont truffés de petites bombes à retardement et parfois de provocations directes. Sur le plan domestique, les enjeux dans le couple tournent autour des tâches ingrates ou répétitives. Sur le plan affectif, autour du contrôle de l'autre : celui qui est jaloux tente par exemple par des manœuvres plus ou moins détournées de connaître l'emploi du temps de l'autre.

ELLE : Tu as passé une bonne journée ?

LUI : Très bonne, merci. Toi aussi ?

ELLE : Je t'ai appelé vers midi, tu n'étais pas au cabinet.

LUI : Oui, je me suis absenté. *(Là, soit il fournit une justification, soit il n'en fournit pas. Dans les deux cas, l'interrogatoire continue.)*

ELLE : Je n'ai pas de chance, j'appelle souvent quand tu n'es pas là *(le ton a monté d'un cran)*. Tu n'as pas beaucoup de clients en ce moment ?

LUI, *légèrement agacé* : Mais si ! Tu sais très bien que mon carnet de rendez-vous est plein.

ELLE : Bon, si tu veux faire des mystères !

Le jaloux dialogue en fait avec la pression qu'il ressent

en lui, il tente de l'évacuer et en même temps de la nourrir. Il est convaincu que ses soupçons sont fondés. Nous abordons un versant plus pathologique de la domination.

Chacun utilise le langage par moments pour prendre pouvoir sur l'autre dans un domaine quel qu'il soit. Mais certaines personnes radicalisent cet usage pour répondre à une structure psychique. On parle alors de manipulation chronique.

Manipulation et manipulateur

Chacun de nous peut être un manipulateur, mais aussi apprendre à tenir en laisse cet aspect de soi. Mais il arrive que quelqu'un utilise systématiquement certains comportements écrasants, dévalorisants, destructeurs au quotidien : on passe du manipulateur occasionnel au manipulateur chronique.

Dans la communication, le manipulateur chronique utilise fréquemment le double bind, la double contrainte : deux messages sont émis simultanément et si on obéit à l'un on déroge à l'autre. Par exemple il ou elle vous tient un discours sur son besoin de liberté, et vous reproche de ne pas lui téléphoner tous les jours. Il ou elle vous reproche votre inculture, et quand vous lui demandez des titres de livres vous répond : « De toute manière, tu n'y comprendras rien. » Quoi que vous fassiez, vous vous trouvez en faute ou en situation d'infériorité. Le manipulateur a bien compris que la culpabilité était l'arme par excellence de la domination. Il sait juger, critiquer, dévaloriser, étiqueter négativement tout ce qui échappe à son contrôle. Il se nourrit sur les autres, il remplit son propre vide avec la substance des autres. Il se présente comme une victime, il exagère ses états de santé pour mieux capter l'intérêt de l'autre. Il prêche le faux pour connaître le vrai. Il ne supporte pas d'être critiqué. Il fuit toute discussion. Dans le couple il tente d'isoler sa proie, de la couper de sa famille, de ses amis. Il impose ses points de vue.

Le conjoint d'un manipulateur ou d'une manipulatrice s'aperçoit rapidement que la communication est pervertie, il se débat dans cette relation, tente dans un premier temps de prendre sur lui, de changer dans le sens qui lui est demandé dans l'espoir que la paix va revenir. Quand il commence à désespérer, il somatise, le corps émet les protestations qu'il n'ose pas formuler. Mais le conjoint type du manipulateur a un profil de masochiste, et il est accroché à son malheur. Il décrit parfois son attraction comme un véritable envoûtement ; même s'il est capable de lucidité rationnelle et de savoir que la situation est sans espoir, à la moindre accalmie, au moindre bonheur, il se laisse reprendre. Le jeu est très semblable à celui du chat et de la souris. Le manipulateur a du pouvoir sur sa victime, il aime qu'elle se débatte et qu'elle lui donne l'impression d'être particulièrement forte. En même temps, il la tient. Il n'est pas facile de lui échapper, ou de s'enfuir sans séquelles durables. La seule solution pourtant est de partir car rien ne s'améliorera.

Le soutien d'un thérapeute est souvent nécessaire. Le manipulateur extérieur n'est que la manifestation d'une partie de soi : pour ne pas succomber à sa propre force critique, le conjoint a trouvé en lui quelqu'un qui incarne ce jugement et cette dépréciation. Retrouver confiance en soi après une telle expérience demande d'entrer dans une force de résurrection appliquée et permanente, mais en sortir témoigne d'un désir de vivre et de s'aimer. En tout cas, la leçon semble porter car la plupart ne retrouvent pas une relation du même type.

Le critique intérieur

Un déficit d'amour de soi

Le dominé rencontre dans le dominant son propre critique intérieur qu'il affronte à l'extérieur au lieu de se mesurer à lui à l'intérieur. Il est parfois plus facile d'incarner son aversion de soi que de la porter à l'intérieur ; malheureusement, on ne sort pas indemne d'une telle expérience. Le critique intérieur se tait et l'entreprise de dévalorisation se joue sans lui, mais il se nourrit de ces paroles destructrices et chaque personne qui s'est ainsi laissé dominer négativement devra tôt ou tard affronter ce tigre intérieur.

Le manipulateur lui non plus n'a pas affronté son critique intérieur, il connaît surtout les jugements qu'il porte sur les autres et avec lesquels il se dispense de s'évaluer. Au cœur de sa position, il y a un refoulement. La domination cache un manque de confiance en soi et une grande friabilité. Le dominant joue à l'adulte et au sauveur pour tenter de dissimuler un enfant intérieur craintif et vulnérable. En critiquant tout sur son passage, il exprime sa propre peur : toutes ses manœuvres visent à ne pas être acculé à cette confrontation avec le moi.

Qu'est-ce que le critique intérieur ?

Il s'est formé par l'intériorisation des voix parentales, des voix de notre entourage, de leurs jugements et des attentes du monde dans lequel nous vivons. Sa fonction est de nous juger à partir de tous ces critères adoptés. Il se manifeste comme une voix intérieure et certains le confondent avec la conscience. C'est leur mauvaise conscience : au départ, le critique se développe pour protéger de la honte d'être pris en défaut, il a un rôle protecteur mais, comme les messages reçus sont empreints de peur et de conformité, il devient un censeur puissant et parfois tout-puissant. Il se met au service de l'adaptation. Il veut la perfection et la performance. Il ne nous invite pas à nous observer au niveau de nos besoins, à nous accepter : il accumule les critiques. Comme tel, il devient l'ennemi de l'être, il est source de la mésestime de soi et il bloque la créativité.

Beaucoup de gens en Occident sont moins dominés extérieurement qu'intérieurement, notamment les femmes qui ont hérité d'une image d'elles-mêmes exigeante et entachée de suspicion.

Le critique intérieur agit sournoisement. Le mépris de soi-même qu'il cultive insidieusement peut même se dissimuler dans des attitudes où les défis, les exploits sont recherchés. Il ne se laisse convaincre (ou abuser) par aucune réussite : « Tu as réussi cet examen mais tu es quand même assez nul, tu caches bien ton jeu », « Les gens t'aiment mais ils ne te connaissent pas vraiment », « Tu travailles beaucoup mais tu ne gagnes pas assez d'argent », « Tes amis réussissent mieux que toi ». Chaque fois qu'une vulnérabilité se manifeste, il se précipite pour attaquer avec des jugements.

Il semble que plus les jugements parentaux ont été forts dans l'enfance, et plus le critique intérieur est développé. C'est par lui que la relation dominant-dominé se perpétue à l'intérieur de nous.

Le dialogue intérieur

Le dialogue intérieur permet de mettre en évidence cette interaction bourreau-victime. C'est un outil créé par Hal et Sidra Stone aux États-Unis qui nécessite au moins deux personnes. Je l'ai adapté en fonction de mon expérience et en séminaire nous mettons en place des groupes de quatre.

Quelques principes de base sont d'abord rappelés. Le critique intérieur n'est pas l'entier de la personne. Il a plusieurs facettes, comme le perfectionniste ou l'activiste que l'on trouve dans le travail du dialogue intérieur dans le livre de Stone mais que je n'ai pas retenues. Il voisine avec l'enfant intérieur, mais aussi l'ego de conscience. L'ego de conscience est capable de faire la synthèse entre les différents aspects, d'observer, de tempérer. Sans son existence, il ne servirait à rien de mettre au jour les agissements ou les plaintes de l'un ou de l'autre. Il constitue une voix de sagesse.

La personne qui veut dialoguer avec son critique intérieur choisit une autre personne qui va jouer le rôle de « facilitateur ». Les deux partenaires se préparent en respirant ensemble. Elles se donnent les mains en silence. Elles se balancent légèrement.

La personne qui va se livrer à l'expérience descend en elle-même, se met en relation avec cette voix qui la critique à l'intérieur et lui prête sa voix ; à ce moment, la tonalité de voix qui surgit peut être d'ailleurs très surprenante. Le facilitateur, par ses questions, encourage cette formulation :

– Que penses- tu de Caroline ? Que faudrait-il qu'elle fasse selon toi ? Qu'est-ce qui te met en colère ?

La voix du critique est parfois impérieuse, violente, accusatrice.

– Caroline est une incapable. Elle me fait honte ; elle n'est jamais à la hauteur.

Le facilitateur n'intervient pas avec des jugements. Il reste équanime, il accueille tout ce qui vient. Son intervention consiste uniquement à demander des explications. Il est une oreille attentive. Il permet au critique intérieur de dire tout haut ce qu'il pense tout bas. On découvre parfois un personnage très puissant, très dur, ou encore sournois, prudent, dissimulateur. Quoi qu'il en soit, le moindre jugement le fait rentrer dans sa coquille. Il ne tient pas à s'exposer inutilement. Mais quand il est en confiance il laisse apparaître un visage cruel, destructeur, ivre de puissance. Dans bien des cas il a perdu sa fonction d'adaptation, il a envahi une grande partie du champ de conscience, il jouit de son pouvoir, il souhaite que la personnalité soit confondue avec lui. Il est le je, le moi.

La partie heureuse, joueuse, insouciante de l'être, son côté lumineux, se trouve écrasée par les démons du « je dois ». La violence du critique amène souvent son surgissement spontané : l'enfant intérieur blessé se plaint du peu de possibilité qu'il a de s'exprimer. Ainsi faire parler le critique intérieur amène aussi l'enfant intérieur à ressurgir. Le facilitateur doit rester vigilant pour bien distinguer les deux langages.

Il n'est pas facile d'accepter de laisser parler son critique intérieur : il vous tient par la honte et le secret. Il faut oser avouer devant d'autres de quoi il vous accuse. C'est à ce prix pourtant qu'il perdra de sa consistance. Le premier acte de guérison commence quand la personne cesse de s'identifier à sa voix. L'ego de conscience a réapparu et distingue l'angoisse, la peur, l'exagération qui alimente de tels jugements et ne les prend plus comme argent comptant. Le critique intérieur de la plupart des gens est en fait malade de peur de ne pas être suffisamment adapté. L'ego de conscience doit le rassurer et reprendre en main une partie de ses fonctions.

La deuxième partie de l'exercice consiste donc en un dialogue de l'ego de conscience avec le critique :

– Caroline est une incapable. Elle me fait honte ; elle est vraiment nulle

– Qu'est ce qui t'inquiète chez elle ? demande le facilitateur.

– C'est au sujet de son travail. J'ai peur que l'on tourne ses efforts en dérision.

Une fois cette peur avouée, l'ego de conscience peut reprendre l'initiative :

– Tu parles comme ma mère.

– Oui, je porte cette angoisse depuis longtemps. J'ai peur du monde du travail.

Nous sommes passés là dans un langage de coopération où une peur dévoilée cesse d'être reniée et refoulée.

Le critique intérieur outrepasse ses droits par excès d'angoisse mais dès que l'ego de conscience dédramatise la situation, il redevient un allié utile. En même temps l'enfant intérieur, protégé par l'ego de conscience, se donne le droit de réapparaître. Le flux bloqué chez le dominant et le dominé peut à nouveau circuler entre ces deux énergies.

De la victime au créateur, les différents visages de la différenciation

La blessure initiale

Nous sommes tous des êtres blessés. Mais quelle est donc cette blessure qui nous manipule, nous maintient dans des réactions primaires et blessantes vis-à-vis des autres ? Est-il possible de la maîtriser, mieux même, d'utiliser son énergie, de la retourner en notre faveur ? De transformer cette blessure en perle ?

Nous pouvons le faire à l'occasion d'une crise, parce que toute crise est l'occasion d'une guérison. Nous pouvons aussi le faire sans attendre : nous partons d'une blessure récente et nous remontons à la recherche des blessures anciennes, avec papa et maman, en effectuant un mouvement de retour conscient dans le passé.

Accepter d'explorer sa blessure

La démarche peut se faire seul, allongé ou debout, mais elle est facilitée par l'écoute ouverte, sans jugement, de quelqu'un d'autre que soi.

Il faut d'abord accepter de se voir comme une victime

des événements et des acteurs adultes de notre enfance. Il ne s'agit pas de juger nos parents, et l'amour que nous leur portons n'est pas en cause, mais de témoigner de ce que nous avons ressenti, et de revivre les souvenirs de souffrances qui nous sont accessibles. Chacun de nous a intériorisé une figure d'enfant blessé.

Notre travail de groupe s'effectue deux par deux, l'un écoute, l'autre parle. Nous partons de l'évocation du visage de notre mère tel qu'il était le dernier jour où nous l'avons vu. Et progressivement nous laissons remonter les sensations et les souvenirs. Quelle impression globale gardons-nous de notre vie familiale ? Les mots qui viennent sont : anxiété, conflit, solitude, harmonie, partage, bonheur...

Puis, nous essayons de revivre le souvenir d'une blessure cuisante, d'une punition corporelle, d'un refus, d'une incompréhension, d'un manque de tendresse... Nous accélérons légèrement notre respiration, bouche ouverte, pour livrer le passage aux émotions. Les sanglots, les larmes arrivent alors très vite chez la plupart des participants, montrant que pour beaucoup le passé n'a pas été épuré et vidé. La visualisation, la verbalisation mettent au jour un certain nombre de paquets non déposés qui alourdissent la personne dans sa vie au quotidien. L'expression dansée et le massage complètent ce début de libération. Le fait d'échanger les rôles, d'être tantôt la personne qui s'exprime, tantôt la personne qui écoute, permet de constituer cette distance intérieure nécessaire pour échapper à la dramatisation de son histoire.

Trop ou pas assez

Il y a un temps pour laisser couler l'émotionnel, pour entrer dans cet endroit qui fait mal, puis vient le temps de comprendre que nous avons construit des défenses en réponse à cette sensibilité souffrante.

De façon imagée, nous pouvons considérer que ces arêtes vives piquées dans notre chair ont creusé comme un creux de vulnérabilité, de réactivité. Dans la famille – qui est aussi inconsciemment une arène de lutte pour l'énergie où les parents sont les dominants, qui s'affirment par l'autorité –, les enfants se trouvent dans une position de dominés. Il y a ceux qui auront été blessés par trop de présence et d'attention, et ceux qui n'en auront pas eu assez. Chacun est ainsi invité à nommer son creux.

Mais, dans ce jeu dominant-dominé, les enfants construisent un mécanisme de défense qui deviendra à son tour un mécanisme de domination, et qui ressurgira chaque fois qu'ils se trouveront en situation de réactiver leur creux. Car toute souffrance porte en elle cette fascination qui incite à la répéter : dans l'infini des possibles, nous irons jusqu'à choisir notre partenaire affectif, sexuel ou même professionnel en fonction de sa capacité à activer notre creux.

Le creux du manque génère des dominants actifs qui cherchent le point faible chez les autres, des dominants agressifs ou des dominants plaintifs qui obligent les autres à s'intéresser à eux en racontant des choses pénibles.

Le creux du trop crée des indifférents en fuite qui ne révèlent rien d'eux-mêmes – et qui, par ricochet, produiront du manque et des dominants actifs, agressifs ou plaintifs –, ou des dissimulateurs qui tentent de cacher leurs comportements et leurs sentiments.

Ces bosses réactives sont donc des mécanismes de domination, et il appartient à chacun d'entre nous de casser ce cercle vicieux. Car le mécanisme de domination est la principale cause de notre coupure avec la source intérieure. Cette méthode de défense élaborée dans notre enfance est devenue caduque à partir du moment où notre objectif n'est plus de récupérer de l'énergie sur les autres et elle est peut-être même devenue douloureuse : si je n'ai pas besoin de prendre pouvoir sur les autres, si je cherche une relation d'alter ego, il m'est désagréable de m'adresser à eux de manière agressive ou intimidante sans le vouloir. C'est ainsi que certaines personnes dominantes se retrouvent enfermées dans une armure qu'elles ne savent pas comment enlever, leurs comportements réactionnels sont devenus comme une seconde nature. Nous sommes tous plus ou moins dans ce cas.

Nous avons besoin d'apprendre à regarder en face notre façon particulière de dominer les autres et de nous soumettre à eux. Nous dominons pour nous sortir de la soumission et pour récupérer de l'énergie. Nous nous soumettons pour éviter la souffrance et parce que nous ne savons pas parfois comment faire autrement.

Accepter ses parents comme ils sont

De ceux qui menacent agressivement physiquement ou psychiquement à ceux qui contrôlent, à ceux qui cultivent la distance et l'indifférence, ou ceux qui utilisent un système de plainte culpabilisatrice, chaque stratégie acquise inconsciemment dans l'enfance est répétée tout au long de la vie. Il est indispensable pour s'en défaire de prendre conscience de la relation à la mère, au père, de se revoir dans son enfance, dans sa famille et de comprendre ce qui s'est passé. Pour découvrir notre dimension spirituelle, nous avons besoin de considérer notre vie comme une histoire qui possède un sens.

Les participants sont donc invités à remplir un questionnaire qui les amène à un regard global sur ce qu'ils ont réalisé jusque-là, ce qu'ils souhaitent réaliser dans l'avenir. Où en sont-ils d'abord de la relation aux parents ?

La plupart du temps, ils sont en conflit avec l'un ou l'autre et parfois les deux. Il est difficile d'avancer dans la joie de vivre quand nous avons ainsi une relation conflictuelle non réglée qui nous arrive de l'enfance.

Chacun tente alors de visualiser et d'exprimer les qualités et les défauts de la mère et de regarder dans quelle mesure il se sent l'héritier de ces aspects. « Maman, je ne t'ai jamais dit que... » : on verbalise les malentendus, les rancœurs, les blessures, les humiliations, mais aussi les élans d'amour réprimés, les besoins de reconnaissance.

Cet exercice est intense, même pour ceux qui croient avoir déjà tout dit et tout réglé. La pièce se remplit d'une grande énergie maintenue par les intervenants. Des exercices de respiration interviennent régulièrement pour pacifier ce moment intense d'évocation et de prise de conscience.

Dans un second temps, c'est le père qui est évoqué. En même temps que vient son visage – jeune ou âgé –, monte un souvenir, une sensation de gêne ou de blessure. Quel nom donner à ce creux ? Oppression par trop d'autorité, manque par trop d'absence ? Quelle réponse a été construite ?

Ainsi nous nous reconnaissons les héritiers de deux vérités, deux idéaux parentaux à mi-chemin desquels nous nous sommes construits, et d'un double mécanisme de domination et de soumission dans la force ou dans la ruse. Il est rare que les deux parents aient exercé la même stratégie de domination sur leur enfant : si j'ai eu une mère possessive et un père absent, j'ai développé des techniques de fuite, d'évitement par rapport à elle et d'agression ou de plainte par rapport à lui.

Beaucoup de personnes ont choisi pendant leur enfance un des deux parents sur lequel ils ont reporté principalement leur capacité à aimer : fils ou fille de la mère ou du père. Ainsi, une fille du père épousera principalement le scénario qu'elle a joué avec son père et tentera de le reproduire d'abord à l'école, avec un ou une amie privilégié, puis plus tard avec son conjoint. Autrement dit, chaque structure affective prend la couleur de la relation principale qui s'est jouée dans l'enfance. Dans la plupart des cas, le choix est très net, mais il est des enfants qui ont une double imprégnation affective, et qui parfois jouent un scénario dans une partie de leur vie et un autre dans une deuxième.

La prise de conscience

Il est regrettable que toute notre vie soit empêtrée, emprisonnée dans ces expériences premières et d'autant plus nécessaire de chercher à s'en libérer en se mettant en question.

La prise de conscience agit puissamment sur les mécanismes de domination. On comprend que cet adulte de constitution androgyne composé de notre père et de notre mère intérieurs, qui continue à nous blesser, n'est qu'un aspect de nous-mêmes, capable d'évoluer, une image que nous avons nous-mêmes constituée à l'intérieur de nous et que nous avons le pouvoir de changer. Celui ou celle qui s'est longtemps considéré comme une victime de la maltraitance de ses parents peut se rendre compte que ce point de vue n'est qu'un aspect de la réalité. Le film n'est pas achevé une fois pour toutes : on peut revenir en arrière et en visionner d'autres aspects ou le revoir différemment. Le manichéisme n'est qu'un refuge : nos parents ne sont ni totalement bons ni totalement mauvais, ils sont nos parents, et le jour où nous pouvons dépasser les enjeux passionnels et traumatisants, le jour où nous pouvons les accepter tels qu'ils sont et nous dégager de leur jugement, nous nous libérons. Tant que nous nourrissons de manière archaïque la peur d'être nul ou mauvais, nous avons peur de nous incarner, de prendre des décisions. La confiance intérieure est la condition pour que notre enfant intérieur créateur, lumineux, puisse s'exprimer à nouveau.

Faire la paix avec ses parents est un moment d'une importance cruciale dans une vie. Au cours des stages, il se révèle que tous les participants n'y sont pas entièrement prêts. Mais tous vont en enregistrer la portée symbolique et le sens du chemin et, progressivement, l'acceptation grandit dans leur cœur.

Pour s'ouvrir à de nouvelles vibrations, chacun respire d'abord une dizaine de fois dans l'axe sexe-cœur-tête, très lentement et de manière consciente avec les deux narines ; puis, bouche entrouverte, la respiration devient plus rapide et l'attention se porte sur le cœur. On visualise sur la zone cardiaque un petit soleil qui devient de plus en plus grand, de plus en plus lumineux. Les mains posées en coupe à la fois émettrice et réceptrice deviennent de plus en plus chaudes.

Chacun visualise alors le petit garçon ou la petite fille qu'il a été, en relation parfois avec une photo retrouvée, un visage souvent lisse, joyeux, plein d'élan mais aussi parfois fermé ou colérique. Cet enfant se place comme en médaillon sur la zone cardiaque. Le visage de la mère est alors évoqué à côté. Il s'agit de ressentir aussi en elle la petite fille qu'elle a été et qu'elle est toujours. Elle est acceptée comme elle est, sans attentes particulières. Le cœur s'ouvre et respire sur cette acceptation : « Maman, oui, maman. » La sensation d'amour s'accroît. Regarder sa mère comme une petite fille, c'est se donner l'occasion de transcender les rôles, d'oublier la puissance liée à la grande Déesse-Mère à la fois merveilleuse et redoutable. Tout l'amour qui se trouve prisonnier derrière la peur d'être englouti par elle ressurgit. On peut la prendre et la bercer dans ses bras comme elle a nous a porté et aimé dans son ventre.

Dans un troisième temps, l'image de papa arrive. Et en lui aussi il s'agit de regarder le petit garçon qu'il a été, plein d'espoir et de fraîcheur, et de lui dire : « Oui papa, oui, je t'accepte comme tu es. »

Ainsi, les trois visages du père, de la mère et de l'enfant réunis dans le cœur, une réconciliation profonde se joue : j'accepte d'avoir eu un père et une mère, j'accepte de les considérer comme des soutiens, des racines de mon existence. Au-delà de ce qu'ils ont fait ou pas fait ils sont miens. Je m'ouvre pour eux à une paix inconditionnelle. Des disputes, des incompréhensions, des rancœurs, des blessures ressurgiront peut-être encore pour ceux dont les parents sont vivants. Mais cette capacité à envelopper de douceur leurs visages amènera une détente immédiate. Nous n'attendons plus d'eux qu'ils nous aident, nous écoutent, nous comprennent, nous approuvent : nous nous donnons à eux, nous les écoutons de personne à personne.

Cet exercice a la puissance d'un rituel. Il se déroule dans un niveau d'énergie bien particulier. Il se termine par un exercice de respiration par le nez. Les deux narines représentent le masculin et le féminin, le père et la mère, ida et pingala dans le yoga. Les deux courants se rejoignent au-dessus du front et nourrissent comme un fil qui relie le haut du crâne à un point situé à un ou deux mètres. Une écoute de sons en dehors de toute pensée termine ce moment.

Les expériences vécues sont ensuite verbalisées deux par deux à tour de rôle. La fuite d'énergie par les blessures se transforme en source de réémergence, le retournement de l'être commence.

Pour guérir sa blessure

Établissez un tableau énumérant les principales qualités de votre mère, puis ce qu'on appelle les défauts, les traits de caractère dont vous avez souffert.

Comment avez-vous essayé d'attirer l'attention de vos parents quand vous étiez petit ? En faisant des bêtises, en cherchant à leur faire plaisir, en tombant malade, en cherchant à les attaquer et à les prendre en défaut ?

Comment vous êtes-vous défendu de leur emprise éventuelle ? Par le repli sur soi et l'indifférence, par la fuite, par la culpabilisation, par la révolte ouverte ou larvée ?

Comment pourriez-vous définir l'idéal de votre père ? L'a-t-il réalisé ? A-t-il cherché à vous l'enseigner ? Cela vous a-t-il influencé ?

Comment pourriez-vous définir l'idéal de votre mère ?

Comment vous situez-vous par rapport à ces deux influences ? Votre idéal est-il une synthèse de celui de votre père et de votre mère ?

Le fait d'être né dans cette famille prend quel sens pour vous ?

La victime et son puits sans fond

Chacun peut se reconnaître dans l'archétype de la victime, mais il est important dès le départ de ne pas poser aux autres cette étiquette et de ne pas la considérer pour soi-même comme indécollable. L'état d'esprit de la victime n'est pas à confondre avec l'essence d'une personne, avec le noyau central auquel elle reste reliée, avec son Soi. Il appartient à un comportemental périphérique, même s'il occupe beaucoup de place.

Les croyances de la victime

L'archétype de la victime attire beaucoup d'ennuis à ceux qui l'incarnent. Il s'appuie sur un système de croyances très bien intégré, presque invisible, qui se présente comme la réalité. La conscience collective nourrit émotionnellement et intellectuellement ces croyances et chacun a à cœur de se prouver que l'expérience les vérifie.

La victime perçoit le monde autour d'elle comme un univers hostile, dangereux, imprévisible, sur lequel elle n'a pas de prise, pas de pouvoir. Elle ne peut vivre que dans l'anxiété de ce qui va arriver et s'armer pour la lutte. La vie est un combat, et un combat perdu d'avance.

Cette croyance est inscrite dans l'archaïsme du comportement humain. Qui peut dire qu'en ouvrant l'œil le matin, en sortant de chez lui, il ne ressent jamais cette insécurité ? Il oublie son inquiétude de fond dans l'action, dans l'amour, dans le mouvement, mais elle refait toujours surface, prête à tout envahir.

La blessure d'amour de la victime

Le sentiment de manque, d'insatisfaction, de frustration se construit dans la petite enfance et n'est pas nécessairement en relation avec des maltraitances ou des manques importants objectivement : certains enfants peuvent effectivement souffrir d'une carence affective, mais chez d'autres un simple éloignement momentané peut prendre le même sens. Quoi qu'il en soit, il semble qu'aucun enfant ne soit dispensé de sa blessure d'amour. En réponse à ce manque, la colère, la rage, l'agressivité construisent une réaction, une protestation. Si ces manifestations sont refoulées par l'environnement, un sentiment d'impuissance vient s'y ajouter. Écrasés par le monde adulte, tous les enfants, soumis ou révoltés, perdent contact avec leur propre pouvoir. Et cette perte inconsciente marque profondément notre vie adulte. Nous baignons dès notre enfance dans l'état d'esprit de victime.

D'autant plus que les messages subliminaux qui viennent de la conscience collective martèlent tous que la vie est dangereuse, difficile et que nous sommes potentiellement des victimes. Chacun s'efforce de donner une bonne image de personne équilibrée et sociable, et ce masque a déjà heureusement des vertus contagieuses et réparatrices, mais, au-dessous, des charges émotionnelles émergent à la dérobée, sous forme de gestes violents, de traits tirés, d'angoisses mal dissimulées. Les masses sont dominées et manipulées par ces peurs et les informations du soir sont conçues pour exploiter ces peurs.

Ainsi les traumatismes de l'enfance se trouvent prolongés et renforcés par le contexte culturel, et nous gardons les défenses que nous avons dressées pour nous en protéger, alors qu'elles ne sont plus adaptées : il n'est plus nécessaire que nous restions des enfants soumis, nous pouvons nous libérer de certains conditionnements, mais seule une prise de conscience nous conduira à conquérir notre nouveau pouvoir.

La tendance à la victimisation

« Je suis une victime, je ne suis pas responsable de ce qui m'arrive, les causes de mon mal-être, de mon malheur se situent en dehors de moi. Je dénonce mes oppresseurs, mes exploiteurs, je me plains, je demande réparation. Je vis dans un système de réclamation qui fonctionne plus ou moins bien, qui m'attire l'attention, l'énergie et l'argent des autres selon les moments. »

La victime est un mot du genre féminin mais cet état d'esprit concerne aussi bien les hommes que les femmes – bien que, dans une société de type patriarcal, la femme soit toujours plus ou moins la victime de l'homme, dans la mesure où elle est frappée par des lois d'exclusion, où sa liberté est restreinte et ses chances d'accéder au pouvoir limitées. Déraciner cette tendance quasi naturelle à la victimisation demande une grande attention. Il s'agit d'une structure basique qui a trop d'avantages pour qu'on puisse s'en débarrasser totalement. Elle réapparaît périodiquement sous des formes insidieuses déguisées, même chez des personnes très décidées et apparemment très sûres d'elles. Nous n'avons jamais définitivement choisi le côté lumineux de l'existence ; l'ombre, la dissimulation et la ruse régressives contiennent aussi leur lot de jouissance, et cet aspect infantile du moi continue à se manifester de manière inattendue.

L'être intérieur, le Soi n'est pas atteint mais il est voilé et prisonnier de ces manœuvres compensatoires. Il n'est possible de sortir de l'état d'esprit de victime qu'à condition de projeter à la lumière de la conscience les frustrations qui sont à l'origine de ces comportements.

Victime à temps partiel ou victime chronique

La victime en soi n'est pas à l'œuvre en permanence. Elle imprègne gravement les comportements ou ne les affecte que de manière infime. Elle peut être aiguë ou chronique, évidente ou cachée.

Une victime chronique est dans une grande souffrance souvent non avouée et non reconnue. Elle a engagé une lutte stérile contre elle-même, les autres et l'univers, et elle développe du stress, de l'anxiété ; son corps manifeste sa résistance par des maux de tête, de dos, des insomnies, de la fatigue ; elle est dépressive et nourrit un sentiment d'insécurité. Sa manière de s'adresser à quelqu'un, de le prendre en défaut, de le culpabiliser, lui attire en retour des tons durcis, des regards d'évitement, de réprobation qui viennent corroborer sa thèse selon laquelle les humains ne sont pas dignes de confiance. Elle se sent soumise au hasard, à l'arbitraire, et elle attire en effet à elle le pire sans avoir conscience d'une réaction de cause à effet : le sentiment d'impuissance nourrit la peur qui engendre elle-même l'impuissance. D'autant qu'elle se focalise sur le négatif, ne voit que ce qui ne va pas : persuadée que la vie est difficile, qu'elle ne donne pas de réponse satisfaisante, elle met tout en œuvre pour se donner raison.

Beaucoup de personnes se retrouvent aujourd'hui enfermées dans cette souffrance et sont leurs propres geôliers. Pour se décharger, elles passent leur temps en récriminations sur les choses et les gens qui les entourent. Silencieux, réprobateurs ou râleurs impénitents, elles ne cessent de justifier leur insatisfaction en essayant de démontrer que la vie ne vaut pas la peine d'être vécue. Cette énergie négative est très lourde pour l'entourage.

Victime et bourreau

Il existe deux sortes de victimes : celles qui se plaignent passivement et ne changent rien, refoulent, encaissent et génèrent des maladies dites psychosomatiques ; et celles qui se déchargent activement sur les autres avec plus ou moins d'agressivité.

On trouve beaucoup de personnes du premier type

dans les métiers de service, chez les bons garçons et les bonnes filles, fidèlement asservis aux opinions des parents, les bons maris et les bonnes épouses qui nient leurs propres besoins pour entrer dans le schéma familial qui leur semble demandé : tous ceux qui de manière générale se plient à des intérêts qui vont à l'encontre des leurs sont menacés par une dépression passive. Tous les renoncements ne sont pas mortifères, mais certains le sont : abandonner la musique, le foot, le tennis pour son travail ou pour sa famille peut constituer un changement sans drame ou nourrir une frustration de longue durée. Tout dépend de la manière dont l'activité en question est reliée au Soi.

La victime dépressive ne remet pas en cause l'amour, le lien aux autres, son creux a même une beauté métaphysique. Elle a quelque chose d'humain et d'authentique. Si elle prend le parti d'écouter son Soi, de le suivre, elle peut sortir de cet état, découvrir ses ressources créatrices, réémerger dans sa joie de vivre.

En revanche, la victime agressive n'évoluera pas facilement. Elle a trouvé un système de vie d'une grande efficacité. Les autres sont coupables : ils ont tort, et si elle souffre, ils sont censés faire quelque chose pour elle. Le creux vient là s'emboîter dans la bosse – la victime se fait elle-même bourreau en exploitant le blâme avec un art consommé : « C'est ta faute, tu ne sais pas m'écouter, tu ne sais pas m'aider. » Mais en chargeant l'autre d'un pouvoir d'approbation, de reconnaissance, elle ne fait que s'enfermer dans un scénario d'enfance qui la rend impuissante. Son seul pouvoir – mais il n'est pas mince – consiste à infantiliser l'autre en retour.

Jacques a dans le monde de la parfumerie un mentor qu'il admire tout particulièrement. Avec candeur il imagine un scénario dans lequel il serait l'intermédiaire entre une grande maison de parfums et son maître, et il met en œuvre un projet concret qui semble plein de promesses. Sans même l'écouter, son maître le remet vertement à sa place, lui demandant de renoncer à toute initiative de ce genre. Très mortifié, Jacques se rebelle verbalement et s'attire la réflexion suivante : « On n'est jamais déçu que par soi-même. » Dans l'instant, il ne prend pas la leçon, et la rupture est consommée entre eux. Ce n'est que beaucoup plus tard que Jacques sera en mesure de considérer qu'il aurait pu prendre sur lui sa déception et accepter d'avoir tort dans l'instant, même si le projet avait du sens, pour maintenir la qualité de la relation.

Les deux protagonistes ont ici un profil de victimes, ce qui renforce leur incompréhension mutuelle. Le maître développe une paranoïa selon laquelle le monde extérieur est malveillant, il faut se méfier des bonnes intentions de ses élèves. Il a peur de se faire avoir par les uns ou par les autres, alors même qu'il concentre beaucoup de pouvoir. Derrière sa carapace il se sent friable, et reste sur la défensive.

Cette tendance à critiquer les autres représente une compensation par rapport au manque d'estime de soi. Chez certains, tout y passe : la famille, les enfants, le patron, le conjoint, le temps, le gouvernement, la police... Les circonstances de leur éducation les ont amenés à se sentir en faute par rapport à leurs parents. À un moment, ce poids a été plus fort que leur amour de soi. Depuis ils cherchent désespérément à rétablir un équilibre perdu avec des outils inadéquats : dénigrer les autres, les noircir. Ils victimisent leur entourage, et le cercle vicieux continue de tourner.

Car la victime est potentiellement un bourreau. Dans les relations amoureuses, elle est redoutable d'une part par l'idéalisme et l'exaltation qu'elle nourrit et d'autre part par l'attente qu'elle pose sur l'autre. Sa désillusion n'en est que plus vive. Ses choix manquent souvent de discernement et elle s'attire des ennuis qui lui permettent de vérifier ses croyances sur la dureté du monde et la méchanceté des autres. Le complexe de persécution se pointe.

Même quand elle rencontre quelqu'un de généreux, elle reste comme un tonneau percé que rien ne peut remplir : « Si tu m'aimes, tu dois être présent(e) chaque jour, t'occuper de moi, m'écouter, m'épauler... » Souvent, elle détruit ainsi toutes ses relations intimes. Toute personne qui a le sentiment d'avoir été déçue par les autres peut se poser des questions sur sa manière d'avoir des attentes sur eux, et d'aimer avec des exigences souterraines et inconscientes.

Celle qui se met à leur service d'une manière excessive, se sacrifie pour eux attend plus ou moins inconsciemment en retour une reconnaissance qui lui a généralement manqué pendant son enfance. Mais, quel que soit ce retour, il se révélera insuffisant puisque sa demande est, on l'a vu, sans fond : « Quoi que je fasse, je n'obtiens pas ce que je cherche. » En réalité, elle est incapable d'apprécier ce qu'elle reçoit. Elle attend en fait des autres quelque chose qui ne peut venir que d'elle : l'approbation intérieure.

Les sentiments d'injustice et de jalousie ne sont pas très loin. Les gens heureux lui sont insupportables, elle se fait l'agent actif de ce qui ne va pas pour justifier ses propres sensations. Elle est au service du négatif de l'existence sous des formes plus ou moins masquées.

La victime n'est ni faible ni vulnérable comme elle voudrait le faire croire. Ses plaintes et ses sacrifices lui procurent une attention de la part des autres. Elle les accuse de la manipuler, de l'utiliser, d'abuser d'elle, mais en réalité elle se laisse faire pour mieux pouvoir les blâmer, les mettre dans leur tort. Inconsciemment elle se sent ainsi blanchie, lavée du poids de culpabilité qui l'affecte depuis l'enfance.

Retrouver son pouvoir créateur

La victime peut se déguiser en sauveur, en puisant dans sa frustration. Elle retrouve ainsi une certaine forme de puissance qui pallie son sentiment d'impuissance, mais son action pour aider d'autres victimes est souvent inutile, inefficace parce qu'elle est mal placée pour aider réellement d'autres personnes à retrouver leur pouvoir. Elle a souvent un problème face à l'autorité et elle ne dépasse pas la relation dominant-dominé, jouant alternativement de l'un et de l'autre. La coopération, la co-création restent hors de sa portée.

Pour qu'elle sorte de son système destructeur, il faut qu'elle puisse contacter en elle-même, souvent avec l'aide d'un thérapeute, une partie qui n'est pas contaminée et qui garde le sens du pouvoir personnel, de la joie et de la créativité. Au départ, elle tente de faire du thérapeute un sauveur et c'est à celui-ci de rester vigilant pour se garder de cette projection qui la rend à nouveau dépendante et alimente encore ses comportements de victime. Au cœur même de la victime il y a de l'impuissance à changer quoi que ce soit. Il faut donc traverser cette couche d'inconscience, de fatalisme, d'attachement au malheur et à ses bénéfices secondaires.

Avantages de la victime

Exister par un système de plainte.
S'attirer l'attention et la sympathie des bonnes âmes.
Justifier une attitude de passivité.
Attiser la culpabilité chez les autres.
Critiquer les autres et s'en trouver valorisé.
Se blanchir à ses propres yeux et aux yeux des autres.
Se révolter et manifester de la violence.

Il n'y a pas de travail sur soi possible tant qu'on n'a pas repéré ses parties victimes et pris soi-même la responsabilité de vouloir changer.

Le mal-être : contribution au sac à doute

Le mal-être fait partie du deuil du fusionnel et du deuil du dominant-dominé. Il permet le contact avec le creux de l'être.

J'invite tous les lecteurs de ce livre à oser déverser leur mal-être.

Voici un exemple de cet assainissement qui consiste à vider sa poche de mal-être :

> De quoi je souffre ?
>
> De mon corps, ma tête est lourde, mes yeux me brûlent. Je suis perdue. Je me suis perdue dans le labyrinthe de la vie. Je croyais pourtant avoir trouvé le fil d'Ariane mais je me suis laissée glisser dans un lieu sans lumière où je survis ; les gestes sont les mêmes, les situations sont parfois enviables et « tout va bien », répète le badaud, mais mon âme pleure en silence, mon ego hurle et se révolte. Rien ne va plus. Je me raccroche à ce que je peux, à quelques certitudes, au sens de la vie parfois entrevu mais vide aujourd'hui de ressenti.
>
> Ma vie intérieure est absence, manque de consistance, manque de sécurité. J'ai mal partout, je ne dors pas. Je me heurte à mes contradictions invisibles. Je crie sans émettre un son, je me ronge, je me retourne contre moi ; je ne sais pas me sortir de là. La culpabilité me mine et me détruit d'autant plus qu'elle est insaisissable, sans nom. Je suis arrivée à l'endroit où aucune connaissance intellectuelle n'est d'aucun secours. Je me débats, je me défile, je me fuis, je suis entraînée irrésistiblement vers la périphérie et je m'y

sens très mal. Comment me sortir de ce cercle vicieux ? Je soupçonne cet enfer intérieur d'avoir quelque chose à m'apprendre. Quelqu'un en moi croit à la vertu de la souffrance. Ce crucifié en moi est terriblement passionnel. Il aime son drame, il s'empare de ma personnalité, il se gonfle d'importance et d'intérêt, il envahit le champ de ma conscience. Pourtant j'entends un autre moi apaisé, joyeux, centré qui ne croit pas à cette souffrance perpétuée et qui attend son heure patiemment. Quand donc viendra-t-elle ? Que puis-je faire pour sortir de cet engrenage destructeur que je porte en moi avec tant de complaisance ? Tous ces « je dois » me sollicitent avec tant de cruauté que je suis prête à me laisser emporter dans ce torrent boueux, à me nier, à me renier, à m'abandonner sans protection à la géhenne. Quelle est cette folie qui m'habite ? Jusqu'où puis-je aller ?

Je me déteste dans mon impuissance, dans mon improductivité. Le créateur se dérobe. Je tourne autour de moi-même. Je me vends à l'autre. Je me nourris de sa densité, moi qui ne suis qu'inconsistance.

L'existence de l'autre me rassure. Puisqu'il sourit, puisqu'il a l'air d'avoir du goût à être là, je peux me glisser quelques minutes dans son jeu et me trouver bien, croire moi aussi qu'à chaque instant je suis à la meilleure place possible. Mais je vais retrouver mon néant, mon dégoût de moi-même, ma solitude intérieure, mon refus de vivre, ma honte à traîner. Ma descente aux enfers est une illusion mais une illusion nécessaire à explorer, un vêtement à endosser même si je dois aussi apprendre à le quitter.

Je suis lovée dans le matriciel « faire comme tout le monde », « obéir aux impératifs des je dois », « ressembler à ce qu'on attend de moi », à ce que je crois qu'on attend de moi. Parfois j'ai perdu le sens et le souffle du génie, je ne sais plus. Je fais comme tout le monde, je fais semblant de faire comme tout le monde et je ne réussis qu'à m'égarer et à égarer un peu plus les autres.

Je souffre d'être, tout en n'étant pas, je souffre de ne pas être cet être que je suis. Je m'occupe et je cours. Je ne mène pas la vie que je voudrais mener. Je me laisse aller à la vie des autres. C'est le propre de l'âme morte.

Je te porte avec tes grandes ailes mais les ailes de mon cœur sont comme paralysées. Je suis en survie dans ce monde. Quand donc commence et cesse le démembrement ?

Vivre au-dessus de soi-même, se mentir à soi-même consiste aussi à ne pas oser s'avouer la profondeur de sa détresse et de sa solitude, la nudité de sa souffrance d'amour. « Qui m'aime ? Personne ne m'aime. Qui suis-je ? Rien. » Derrière le masque de la personnalité, il ne reste rien que du vide, un corps friable, fragile qui s'efforce de ne pas se dégrader trop vite.

Toute démarche part de cette blessure du manque à soi-même, du manque de l'autre, du besoin d'amour et de reconnaissance, du sacrifice de la vie pour prendre sens et valeur. Mais y a-t-il quelque chose de plus important que la vie elle-même ? Le corps hurle quand on le sacrifie au sens. Le sens disparaît quand la vie n'est qu'immédiateté et l'intensité s'effrite. Nous devons négocier avec nos illusions. Elles ne s'effaceront pas d'un seul trait. Sans elles nous ne sommes rien.

Pouvons-nous avouer nos faiblesses, nos hontes, nos humiliations, nos fantasmes de toute-puissance et de tout plaisir, nos peurs de redevenir un sac vide d'énergie, rejeté, abandonné et enterré ?

Les maux nous tiennent, nous rouent de coups, nous rappellent que nous sommes des perdants constants dans une vie de lutte pour survivre et faire semblant de vivre. Le cri du désespoir ne sera jamais trop profond et il est fondateur d'authenticité, humus de la vie. Nous essayons de croire à la victoire de l'esprit sur la matière ; mais la matière est bien trop dense, abrupte, implacable, les victoires de l'esprit ne sont que de l'instant volé. Comme c'est difficile et comme c'est facile !

Le chemin de la conscience est inscrit dans nos plus vieilles histoires, tout en nous sait, au plus profond de notre ignorance.

Le jugement et les projections

Dans le monde des jugements chacun est évalué, étiqueté de manière à se rassurer en classant l'autre dans les valeurs qui sont les nôtres. Le jugement est une arme pour nous assurer une suprématie et nous donner raison dans nos choix : « Je n'ai pas envie de faire ce devoir, le professeur est un imbécile », « Je ne suis pas heureux, la société est mal gouvernée ». Dans ces phrases tout le mal, tous les torts sont reportés sur l'extérieur. Mais dans le même mouvement qui me dédouane, je perds du pouvoir et je me retrouve victime.

Les jugements, critiques, diagnostics et interprétations portés sur autrui sont souvent des expressions détournées de nos besoins inassouvis. Favorables ou défavorables, ils relèvent d'une communication aliénée et aliénante.

Entrer en contact avec ses jugements

Quelques exercices très simples permettent de prendre conscience des jugements que nous portons sur les autres et de comprendre d'où ils viennent.

D'abord, pensez à quelqu'un que vous n'aimez pas, que vous critiquez, avec qui vous ne voulez pas avoir affaire. Ressentez cette personne. Qu'est-ce que vous n'aimez pas chez elle ? Il s'agit souvent d'un comportement que vous ne vous autorisez pas. Par exemple, vous reprochez à votre beau-frère son indolence et le fait qu'il se comporte en invité partout où il va. Vous ne voudriez pas lui ressembler. Mais vous allez peut-être découvrir que vous ne vous permettez aucun relâchement, aucune paresse, que vous tentez de vous rendre utile et de rendre service partout où vous allez. Vous êtes devenu activiste, vous ne tenez pas en place, vous occupez l'espace. Vous avez renié le fait d'être aimé(e) pour ce que vous êtes plutôt que pour ce que vous faites. Vous avez renoncé à votre enfant intérieur insouciant et jouisseur. Si vous remontez maintenant dans votre enfance, vous verrez que ce reniement répondait à une angoisse : vous avez tenté par exemple de remplacer votre père auprès d'une mère très en demande, vous avez voulu la protéger et protéger votre propre enfant intérieur en étant très actif(ve), très prévenant(e). Évidemment ceux qui jouissent tranquillement vous sont maintenant insupportables.

Ensuite, faites une liste des gens que vous admirez ou qui vous communiquent un sentiment d'infériorité. Si vous ne vous sentez pas à l'aise en vous comparant à eux, c'est qu'ils représentent encore des parties reniées. Si vous admirez des gens qui ont une bonne maîtrise d'eux-mêmes, qui gardent leur calme en toutes circonstances, vous découvrirez qu'à l'opposé vous êtes particulièrement émotif(ve), comme votre mère par exemple.

Ainsi le moteur de nos jugements se trouve dans nos manques et notre système de censure. Parce que nous nous limitons, nous souhaiterions limiter les autres par le tranchant de nos paroles. Dans le grand théâtre de la conscience, chaque personne noue ainsi des relations avec des gens qui reflètent ses propres reniements.

Toute personne proche de nous a quelque chose à nous apprendre sur nous-même. Elle porte une occasion de nous faire grandir même si nous n'en avons pas conscience. La prise de conscience de ce processus permet aux parties reniées, qui n'étaient pas autorisées à se manifester, de sortir alors timidement de leur cage.

Juge et critique

Chaque personne a en elle à la fois un juge et un critique intérieur. Tous, nous subissons bon nombre de jugements venus des autres. Le critique intérieur se nourrit depuis l'enfance de ces critiques venues de l'extérieur, notamment pendant l'éducation où les remarques pleuvent de la part des parents.

Anne ne perd pas une occasion de lancer des flèches assassines en direction de sa collègue Marie. Moues désapprobatrices, regards en coin accompagnent les déplacements de la silhouette sexy de Marie. Anne ne porte que des jeans et des pulls sobres, elle cultive un look tendance sobriété masculinisée là où Marie en rajoute dans l'ultra-féminin. Anne est si visiblement agacée qu'il serait bon pour elle de s'interroger sur sa féminité reniée et ses origines.

Anne peut se pencher sur son enfance. Quand une mère se focalise sur un aspect de sa fille qu'elle ne supporte pas et qu'elle entre en lutte contre sa coquetterie, son poids, son égoïsme ou son aspect désordonné, les dégâts peuvent être considérables. Soit l'enfant tente de se conformer au désir de sa mère, soit elle se rebelle. Dans les deux cas son critique intérieur se fortifie.

Chez le père ou la mère, un tel comportement peut relever de la répétition. De génération en génération, une identité reniée engendre ainsi son contraire.

Elvire ne jurait que par le sport, là où sa fille Martine ne s'intéressait qu'aux livres. Nadia, la fille de Martine, à son tour est fanatique de sport. Mais Martine et Nadia chacune à leur manière ont eu leur vie empoisonnée par un critique intérieur nourri des jugements négatifs de leur mère. La forte pression d'Elvire renforcée par la résistance qu'elle a rencontrée chez sa fille s'est propagée par réaction en ondes de choc sur plusieurs générations. Peut-être Nadia prendra-t-elle suffisamment conscience du processus pour le stopper.

La liberté de s'épanouir réside dans le fait de pouvoir accepter en soi tous les aspects de la psyché humaine : « Rien de ce qui est humain ne m'est étranger. » Ce qu'un parent peut faire de mieux pour son enfant, c'est d'assumer lui-même ses parties reniées et de ne pas les lui léguer avec l'injonction de les vivre pour lui.

La dépendance au jugement

Dans les relations, il arrive fréquemment qu'on incarne des parties reniées de l'autre, on devient alors l'objet du jugement d'une personne ou d'un groupe. Seul l'ego de conscience, relié au centre au Soi, permet de ne pas s'identifier aux jugements et de sortir de la réactivité qu'ils engendrent. Plus un être avance vers lui-même, et moins il se soucie de l'opinion des autres, plus il a l'impression que son propre accord avec lui-même entraînera l'adhésion de son entourage. Ce qui d'ailleurs se révèle vrai. Les critiques que nous nous attirons sont directement proportionnelles au doute que nous entretenons sur nous-même.

Pour mesurer votre propre degré de liberté, posez-vous la question : qu'est-ce que je me permettrais si je n'avais pas à me préoccuper de ce que d'autres vont penser ?

Chaque fois que quelqu'un cherche l'approbation de l'autre ou du groupe, il revient dans l'incarnation de son côté enfant.

Thierry a eu un père très critique et il a développé un puissant critique intérieur. Il a accepté de tenir un rôle dans une pièce de théâtre, où il incarne un héros romantique qui montre ses sentiments et sa vulnérabilité. Le critique intérieur ne cesse de lui souffler que ce rôle le ridiculise. Il se confie à son amie Élisabeth qui découvre à ce moment-là en lui un enfant qui demande de l'approbation et du réconfort. Elle se comporte comme un « bon parent » en le soutenant et en l'encourageant. Cependant s'il se fait trop lourd, trop larmoyant, il se peut qu'elle s'irrite, devenant alors le « mauvais parent ». Thierry aura alors recréé avec elle le même type de relation qu'il entretenait avec son père.

Cette dépendance au jugement de l'autre peut s'installer de manière chronique. Être attaché au rôle de bon mari ou de bonne épouse et dépendre de l'autre pour se reconnaître comme tel nous infantilise. De la même manière, une mère devient l'enfant de ses enfants si pour se reconnaître bonne mère elle a besoin qu'ils la considèrent comme telle. Elle ne peut rien faire qui leur déplaise.

La personne qui ne s'aime pas est terriblement vulnérable aux jugements des autres et ne trouve un soulagement, très temporaire, que dans leur approbation. Or un comportement masochiste sollicite le sadique en l'autre, le réveille même chez les plus gentils des partenaires. Cela se passe au-delà du verbal, comme un phénomène de résonance. Il vous est peut-être arrivé d'être dans cette situation : malgré vos *a priori* favorables pour une personne, vous vous surprenez à la maltraiter subtilement.

Brigitte était une bonne secrétaire mais sa relation avec son père s'était faite sous le signe d'un dressage impérieux avec une avalanche de réprimandes. Éléonore appréciait Brigitte pour la finesse de sa personnalité, elle était convaincue de sa compétence professionnelle, et pourtant elle se retrouva rapidement dans une situation où elle devait lui faire des remarques. On aurait dit que Brigitte, par moments, cherchait à se faire remarquer pour ses erreurs. Éléonore ne voulait pas que cette situation s'installe. Elle s'en ouvrit à Brigitte qui pleura beaucoup mais finit par raconter sa relation avec son père. Cette verbalisation les aida toutes deux à modifier leurs comportements. Mais on voit qu'Éléonore aurait pu se laisser entraîner dans son côté sadique par la provocation inconsciente de Brigitte.

Le cercle vicieux

Comme dans la relation dominant-dominé, il y a un cercle vicieux qui tourne à l'infini entre deux personnes du juge au critique intérieur. L'un et l'autre ne sont d'ailleurs que les deux faces d'une même médaille. Le critique intérieur coexiste avec un juge fort lui aussi mais qui souvent reste silencieux ; inversement un juge fort dissimule un critique intérieur puissant, réduit au silence tant que la personne est en position de supériorité, mais qui peut resurgir à la moindre anicroche.

C'est le jugement lui-même et ses mécanismes qui ont besoin d'être mis en cause. Pour vivre plus libres et plus heureux, nous devons sortir de cette pensée dualisante : d'un côté, le bon (moi), de l'autre les mauvais (les autres). Apparemment, la manœuvre est avantageuse mais en réalité la personne critique se trouve mutilée d'une partie d'elle-même.

Il existe une expérience très intéressante pour le mettre en évidence.

On choisit au cours d'une promenade dans la nature une pierre ou un rocher qui représente le minéral, une fourmi ou tout autre animal qui représente le règne animal, une fleur ou une plante qui représente le règne végétal et une personne connue ou inconnue qui représente l'humain. Chaque élément choisi est ressenti par la personne qui lui attribue un jugement positif ou négatif : beau, laid, agréable, désagréable.

Dans un deuxième temps, la même personne attribue volontairement un jugement positif à chaque élément, et le ressent.

Dans un troisième temps, elle pose un jugement négatif volontaire, et le ressent.

Dans un quatrième temps, elle tente de transformer ses jugements négatifs en jugements positifs, et elle ressent.

Ensuite, elle s'ouvre au fait de ressentir chaque chose sans jugement.

On s'aperçoit alors qu'il est beaucoup plus agréable d'avoir des jugements positifs que négatifs. Certains disent : « On se sent mieux, on se porte mieux. » On prend conscience que chaque jugement porte son contraire.

Enfin, chacun s'interroge sur ses relations : nous est-il possible de nous ouvrir à cette sensation de non-jugement avec les personnes de notre entourage ? Qu'est-ce qu'aimer quelqu'un comme il est, juste comme il est et non pas vouloir le changer pour son bien ?

Le regard sans jugement est une expérience métaphysique, le préalable à l'amour inconditionnel. Le passage d'un état mental à un état vibratoire et lumineux.

LA ROUE DE LA TRANSFORMATION

Le conflit

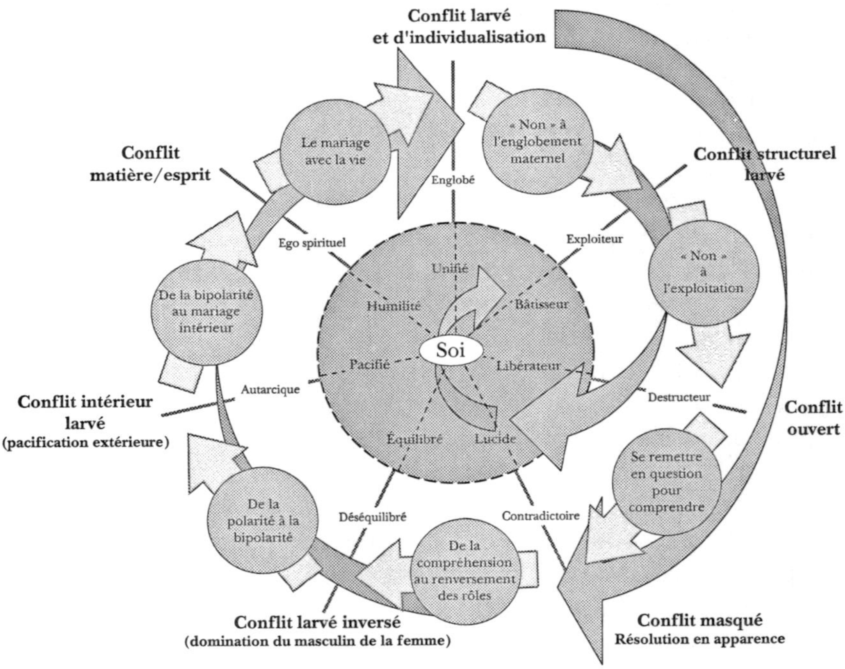

Le conflit et ses pouvoirs destructeurs

Le conflit sur la roue de la transformation

Tout commence par un conflit larvé au niveau du premier rayon, une lutte souterraine entre le sentiment d'unité du fusionnel et l'irrépressible besoin d'individuation qui demande une séparation, une différenciation. Le moteur d'évolution est donc un non à l'englobement originel, maternel. Au cours de la vie l'expérience de l'engloutissement se représentera d'autant plus qu'on aura gardé une nostalgie de cette fusion de première naissance. Elle se rejouera dans les relations amoureuses, familiales, professionnelles avec un réactionnel d'autant plus douloureux que les pulsions antagonistes resteront inconscientes.

Le deuxième conflit concerne la mise en place d'une structure consécutive à l'affirmation individuelle. Celle du dominant-dominé. Soit je me pose dans l'identité du plus fort, soit je me coule dans l'identité du plus faible, qui se fait protéger mais aussi exploiter. On sait qu'entre l'homme et la femme le pouvoir a changé de mains, de la Déesse-Mère au Dieu-Père, de la femme à l'homme, et il faudra au moins un tour de spirale dans la conscience et les comportements pour que les rôles changent et s'équilibrent. Plusieurs tours en se rapprochant du Soi seront nécessaires pour que tous les rayons révèlent leur aspect positif. Le dominant et le dominé collaborent hiérarchiquement à l'édification d'une œuvre et d'une certaine façon notre civilisation est le fruit de cette structure. Mais l'exploitation représente la face sombre de ce rayon et nous ne savons toujours pas comment sortir de cette ornière. À ce stade le conflit n'est pas ouvert, il accumule du potentiel par la dissymétrie des fonctions et des rôles.

Ce qui enclenche la dynamique du troisième rayon, c'est la révolte du dominé. Près du Soi ce mouvement insurrectionnel est libérateur, mais plus à l'extérieur il n'est que destruction, tyrannie et mort. Nulle part dans la roue le péril ne sera aussi grand et la conscience aussi absente.

Le grand retournement se situe au moment du passage au rayon éclairé : la conscience réfléchit l'action, la décortique, l'explique, tente d'introduire une pacification au moins mentale. Près du Soi la lucidité se manifeste. Mais l'évidence des contradictions révèle un conflit masqué. Bien souvent, dans ce rayon, on ne fait pas ce qu'on dit, les belles idées ne se retraduisent pas dans les faits.

Pour avancer, un renversement des rôles doit s'opérer entre l'homme et la femme. Au deuxième rayon, l'homme incarnait l'actif et refoulait la sensibilité réceptive que la femme, elle, cultivait tout en refoulant l'actif. Au cinquième rayon, les polarités s'inversent : dans le déséquilibre, avec trop de masculin ou trop de féminin, selon les cas ; il faut aller au plus près du Soi pour que l'équilibre se cherche et se trouve. Entre l'homme et la femme, le conflit reste larvé.

La dynamique de transformation vers le sixième rayon tient à ce désir de mariage intérieur qui caractérise l'androgyne en chacun. Le conflit potentiel concerne le risque d'autarcie, le repliement sur soi au profit de la pacification intérieure.

Le rayon de la sagesse n'est pas épargné par l'opposition entre matière et esprit, puissance et conscience. Le pouvoir du septième rayon demande à être vécu dans l'humilité à défaut de quoi il engendre un ego spirituel. Pour que s'enclenche un nouveau tour de spirale où l'on accepte de reprendre des risques, il faut que le mariage avec la vie soit aussi important que le mariage intérieur. La sagesse du septième rayon se confronte alors avec l'irrationnel de l'unité du premier rayon. Cette compréhension est immense.

Oser le non, oser le oui

Nous avons le droit de ne pas éprouver que de bons sentiments, même envers les personnes que nous aimons. Osons reconnaître les conflits que nous nourrissons avec nous-même et avec les autres.

Dans le travail sur le dominant-dominé, nous étions arrivés à cette conclusion : il faut laisser de la place à l'enfant intérieur, que sa joyeuseté, sa légèreté, son côté ludique nourrissent notre vie ; l'ego de conscience arbitrera entre lui et le critique intérieur qu'il saura tenir à sa place. Dès que nous commençons à tenir la bride de ce cheval fou, nous cessons aussi de nous dévaloriser abusivement, nous commençons à mieux nous accepter. Sur la roue de la transformation, nous tournons et nous nous allégeons.

Les premiers non

Parce que le désir d'individuation entre en lutte avec le désir de fusion, nous sommes maintenant en face de cette contradiction, de ce paradoxe qui fait que nous voulons rester dans les bras de notre mère et pouvoir nous éloigner d'elle et découvrir le monde.

Ce non à l'englobement maternel est la première forme de révolte, que nous retrouvons ensuite dans notre manière d'aimer. Lorsque nous sommes avec un être que nous aimons, nous sommes bien dans le fusionnel, nous le cultivons, et puis tout à coup nous étouffons, et nous avons envie d'espace, de solitude, en tout cas d'un espace qui nous soit propre. Et ce non, nous pouvons ne pas oser le dire, parce que nous avons peur à ce moment-là de perdre l'amour de l'autre. Certains enfants ou ex-enfants restent toute leur vie prisonniers d'une enveloppe maternelle ou paternelle, vont vivre à quelques pas de la maison de leurs parents, téléphonent tous les jours, se sentent d'une certaine façon redevables d'un attachement qui en même temps les limite. Parfois, ils en souffrent, ne peuvent pas lier une autre relation importante, fonder un foyer parce que cet amour premier de la mère ou du père les emprisonne.

La révolte contre l'attachement à la mère peut aussi structurer un être d'une façon qui phagocyte toute son énergie. Par exemple, il aura beaucoup de mal à établir une véritable intimité avec quelqu'un, ou physique ou psychologique ou les deux, parce que toute son énergie restera prisonnière de ce non à une intrusion, il n'aura plus de oui. Toute sa personnalité est construite sur ce refus.

Le premier non est plus fort chez les garçons que chez les filles, parce qu'un garçon a besoin de dire : « Non, je ne suis pas comme maman. » Chez une fille, il en va autrement : bien sûr que plus tard elle le dira aussi, pour se différencier, mais elle reste toute sa vie du genre féminin comme maman. Ce non pèse lourd dans la structuration de la psyché masculine. Il est à la source de cette autre coupure plus culturelle qui fait que le patriarcat est une structure posée sur le refoulement du féminin.

L'enfant qui vit un manque de la mère se révoltera plus difficilement. Parce qu'il n'a pas suffisamment de terreau pour se permettre de dire non. Or, pour s'individuer, l'être a besoin de la révolte qui nourrit une force positive d'affirmation de soi. Le réflexe de naissance, c'est d'une certaine façon un non au ventre et un oui à la naissance.

Alice Miller, dans son livre *C'est pour ton bien*[1], montre que les enfants ont tendance à idéaliser leurs parents, et n'osent pas les mettre en cause. Le premier niveau consiste pourtant à oser le faire – et sentir qu'on peut tout de même continuer à les aimer et qu'ils peuvent continuer à nous aimer –, et ensuite à les accepter tels qu'ils ont été : « Ce sont mes parents, mon histoire avec eux est ce qu'elle est. Ma rancœur à leur égard ne fait que tisser autour de moi une prison. » La pierre du passé s'interpose entre nous et le flux de notre énergie : il importe de reconnaître cette pierre, de la contourner, pour continuer son chemin. La conscience en éveil est comme un ruisseau qui court, rencontre des obstacles et continue de couler. Ce flux lui-même est la beauté et ne soyons pas pressé d'arriver quelque part.

Après le premier non, arrive le second, le non à l'exploitation dans la relation du dominant-dominé. Toutes les structures dans lesquelles on entre depuis celle de l'éducation, des différents apprentissages, plus toutes celles de la société apparaissent comme des aliénations. C'est toute la révolte adolescente, quasi légitimée avec

1. Alice Miller, *C'est pour ton bien,* Aubié-Montaigne, 1984.

un non qu'on considère même comme constitutif. Un adolescent qui se révolte, à nos yeux d'adulte, c'est normal. Il a besoin de s'opposer pour se construire. Ce refus de l'exploitation a de la valeur, et il est un mouvement de sortie de l'esclavage.

Puis viendra le non à la compulsion de l'ombre : des pulsions qui ne correspondent pas à notre éthique, à ce que nous considérons comme étant juste pour nous et pour les autres.

Sur les trois premiers rayons de la roue et dans les premiers temps de notre vie, très souvent nous sommes amenés à prononcer des non qui restent périphériques et ne sont pas centrés. Même si le miracle de la conscience existe instinctivement, très souvent le non sera réactionnel, outrancier, déséquilibré et déséquilibrant. Et nous ne saurons pas comment faire pour nous extraire d'une relation fusionnelle autrement qu'en coupant.

Il faut de l'expérience pour trouver comment garder la relation tout en étant soi-même. Il faut prendre conscience que si je dis non, je ne vais pas perdre l'amour de l'autre, alors que nous sommes tous conditionnés à croire le contraire.

Le non centré

À un moment, l'esclave relève la tête. Il préfère risquer sa vie que de continuer à se soumettre. Dans la dialectique du maître et de l'esclave, c'est le maître qui est toujours prêt à risquer sa vie : la maîtrise consiste à ne pas avoir peur de la mort. L'esclave qui se soumet a peur de tout. Tout à coup, le voilà qui redresse la tête, et c'est l'autre maintenant qui prend peur à son tour. Le rapport de forces bascule. C'est un moment décisif que celui où on ose redresser la tête. L'autorisation de se respecter et de se faire respecter constitue un acte primordial pour sortir de l'enclavement dans le malheur.

La revanche de l'aliéné est liée à toute une histoire et toute une civilisation. La civilisation chrétienne est bâtie sur une aliénation et sur une sorte d'esclavage intérieur, extérieur : elle représente la justification théologique qui permet aux pauvres et aux exploités de rester pauvres et exploités. Il faut être conscient que beaucoup de croyances et d'idéologies servent à renforcer des exploitations.

La révolte se déclenche dans des moments parfois extrêmes où le ras-le-bol, la colère, l'oppression deviennent tellement intolérables qu'on réagit. Dans une telle situation d'urgence, elle peut être exagérée, nous entraîner à des attitudes d'outrance. C'est alors qu'il faut aller chercher le non centré : pouvoir dire non et en même temps, le plus rapidement possible, rester aligné avec l'ensemble de son être et l'ensemble de ses besoins.

Le non centré est beaucoup plus efficace, sinon vous risquez d'entraîner des réactions de l'autre côté, c'est-à-dire d'obtenir le résultat inverse de ce que vous cherchiez. Votre voisin vous gêne, il fait un bruit très désagréable : si vous venez à bout de nerfs crier dans son jardin, il se peut qu'un conflit s'engage. Tandis que si vous lui parlez d'une façon centrée, il y a plus de chances qu'il entre dans une empathie avec vous et dise : « Oui, il faudrait que je fasse quelque chose. »

Plus votre non est centré, plus il est entendu. Si vous dites non en vous sentant coupable ou tandis qu'une partie de vous dit oui, vous êtes sûr que l'autre opposera de la résistance et exprimera vos propres doutes. C'est par nos failles que s'introduisent les difficultés. Nous croyons avoir pris une décision, mais nous la communiquons de telle façon que, dans un langage d'inconscient à inconscient, l'autre nous sent flottant. Un enfant sait particulièrement entendre cet aspect. La question du non centré est une question d'ajustement à la fois à soi-même et à son environnement, mais aussi d'efficacité.

Les effets négatifs du conflit

Il est bien certain que la confrontation est quelque chose qui fait partie de la vie : nous n'avons pas toujours les mêmes points de vue, et il est juste que deux avis différents s'affrontent. Il ne s'agit donc pas de diaboliser le conflit et de se l'interdire, comme certaines personnes, qui excluent toute confrontation, n'osent pas affronter la contradiction et préfèrent ravaler leur désagrément.

La question est plutôt de nous prémunir contre leurs effets négatifs en tentant d'en comprendre la mécanique, en essayant de trouver des repères qui nous permettront d'en sortir le plus rapidement possible. Ne peut-il être possible d'exprimer son point de vue sans entrer dans une tension destructrice et sans que la guerre se déclenche ? Cette confrontation qui peut être féconde, car il est toujours fécond d'entendre une autre opinion que la sienne, peut dégénérer rapidement parce que le fait que l'autre ne pense pas comme moi me met en danger.

Il y a beaucoup de passion dans le conflit parce qu'il touche à quelque chose qui est de l'ordre de la survie. La survie, c'est le plaisir d'exister, mais aussi le plaisir de s'affirmer, d'avoir raison. Depuis des milliers d'années, les hommes s'affrontent pour défendre leur vérité. C'est particulièrement vrai de la religion où les idées les plus généreuses donnent lieu aux combats les plus sanglants : si vous êtes persuadé qu'il n'y a qu'une seule vérité, la vôtre, vous devenez un fanatique, prêt au martyre. Derrière chaque idéologie, se cache un enjeu considérable

– ou du moins nous vivons comme si c'était un enjeu considérable –, celui d'avoir raison.

Que deux pays ou deux personnes soient en guerre, le même mécanisme est à l'œuvre : vous pouvez être sûr qu'à leurs yeux l'un a raison et l'autre a tort. Voici ce que je conseille aux couples en conflit : inscrivez dans votre cuisine « j'ai raison et tu as tort » pour prendre bien conscience du mécanisme dans lequel chacun tombe à travers des centaines et des centaines d'arguments qui reviennent toujours au même. Pouvons-nous intérioriser l'absurdité de cet acharnement qui consiste dans toutes les situations à être persuadé que nous détenons la vérité ? Cette croyance en une vérité unique est la racine qui rend impossible la résolution du conflit.

Derrière le fait d'accepter d'avoir tort, que trouve-t-on ? La peur d'être détruit.

Ce que je vois en toi est aussi en moi

Aussi sophistiqué que soit l'échange, le dialogue, la demande d'explication, la confrontation, l'affrontement, le combat, la dispute, le conflit, le problème reste le même de manière plus ou moins visible : deux personnes sont dans une opposition d'ego et parfois de valeurs, et chacune désire au plus intime d'elle-même être reconnue par l'autre comme celle qui a raison. Avoir tort, c'est perdre la face.

Le problème humain numéro un sur la planète ne se situe pas seulement dans l'exploitation des uns, dans l'accaparement des richesses par les autres, il se situe dans le refus de considération de l'un pour l'autre.

La peur des identités négatives

Le développement personnel a déjà mis en place des outils pour sortir de cette impasse, mais leur mise en pratique est plus délicate car les émotions négatives submergent fréquemment la bonne volonté et l'idéal. L'ego en nous s'attache à des identités positives : « Je suis une personne bien, gentille, franche, fiable. » Lorsque je suis désignée comme dépensière, frivole, gourmande ou menteuse, je me sens attaquée, je tente de refuser ces identités négatives. Elles me font peur et me paraissent parfois le summum de l'injustice.

La difficulté, c'est de cesser d'avoir peur des identités négatives. Imaginons que l'accusation ne déclenche plus un comportement réactionnel de jugement sur l'autre, qu'on cesse de prendre pour argent comptant toutes les projections qui nous arrivent et toutes celles que l'on envoie... Imaginons que, même si je suis humilié par ces remarques, je puisse accepter la boule d'ombre que l'autre m'envoie, la considérer, la nommer, la digérer et si possible ne pas la renvoyer...

Rendez-vous compte que c'est un des obstacles les plus difficiles et que l'humanité n'a pas encore réussi à le franchir.

« Le cœur naît de l'ombre »

Cette phrase apparaît sur la roue de transformation : le cœur naît de l'ombre parce qu'il ne peut s'ouvrir véritablement sans cette mise en cause de soi et cette acceptation de l'ombre. Il y a un très beau titre de livre de Nietzsche qui s'appelle *Le Voyageur et son ombre* : nous sommes toujours accompagnés de notre ombre. Il faut l'accepter pour s'accepter comme on est et accepter les autres comme ils sont.

Tant que je suis dans l'illusion projective, je regarde l'autre d'une façon passionnelle à travers ma propre ombre. Je la projette sur l'autre, et alors que je crois voir l'autre, c'est elle que je vois. C'est comme si nous regardions les autres à travers la vitre de nos projections, et nous devons nettoyer cette vitre pour pouvoir accéder au cœur à cœur. Reconnaissons qu'il y a des personnes avec qui nous ne parvenons pas à sortir du jugement : il ne s'agit pas d'arriver à la perfection, mais d'oser intégrer le plus d'ombre possible. Seul un être spirituel réalisé pourrait oser accepter toute l'ombre de l'humanité : non pas sans illusion ou désillusionné, mais en sachant qu'il y a toujours un aspect et son contraire chez chaque personne.

Les relations amoureuses ne sont pas faciles, parce qu'il reste toujours entre deux personnes un mystère. Quelque chose qui nous échappe et qui nous fait avancer aussi. On peut regretter que les gens se quittent à la moindre anicroche aujourd'hui, alors que justement ils ont quelque chose de très intéressant à faire ensemble. Je ne dis pas qu'il leur faut absolument se déchirer pour vivre ensemble : je pense qu'un couple ne doit pas vivre un conflit permanent, mais qu'éviter la confrontation, c'est éviter aussi de grandir.

Attaquant et attaqué

Suis-je la personne qui attaque ou celle qui est attaquée ? En pratique tout le monde voit la différence. Plus profondément, cette différence n'est qu'un aspect. Car, quoi qu'il se passe, ici encore la victime n'est jamais entièrement victime : elle collabore au conflit par tout un enchaînement de comportements. C'est d'ailleurs cette marge qui constitue un espoir : le pouvoir personnel n'a jamais entièrement disparu, il peut être récupéré et la situation être alors utilisée de manière créative.

Écouter

L'écoute est le premier outil qui se présente : laisser à l'autre un espace d'expression, mais aussi me mettre en position intérieure non de défense et d'obstruction mais de réceptivité.

Écouter quelqu'un qui a besoin de se confier est déjà une grande qualité, mais écouter quelqu'un qui vous met en cause demande une tout autre force de caractère : « Je suis capable d'écouter tes opinions négatives sur moi sans m'identifier à elles. Je suis capable de les reformuler de manière à m'assurer que j'ai bien entendu. Cette reformulation me permet de m'approprier ton point de vue, de commencer à le digérer, tout en prenant paradoxalement une certaine distance : il y a moi et il y a tes formules qui parlent de moi. » Dans le même temps l'attaquant, en entendant reformuler ses paroles, a l'occasion d'y réfléchir et peut intervenir si son message a été mal perçu.

Cela n'a rien à voir avec l'attitude la plus archaïque qui consiste à s'écraser dans la culpabilité, les excuses, le repentir, de manière réelle ou feinte. C'est l'attitude de l'esclave qui agit ainsi par mépris de lui-même, par peur ou par ruse. Plus subtilement, une personne peut même reprendre des formules d'accusation à son compte en les amplifiant : « Quelle idiote je fais, je suis vraiment impossible, etc. » Inconsciemment ou consciemment, c'est une attitude pour reprendre l'initiative.

Une autre attitude archaïque consiste à s'enflammer immédiatement et à ne pas prendre le temps de considérer la blessure narcissique qui se produit. La riposte est immédiate et virulente. La situation s'envenime. On entre dans la relation blessé-blessant où deux blessés finissent par s'affronter dans une escalade d'invectives. Rien ne semble pouvoir arrêter le processus.

Le huit du blessé-blessant

Que vous soyez dans une position d'attaque ou bien d'attaqué, dans les deux cas, vous êtes composé d'un adulte et d'un enfant : quand un attaquant agresse une personne en face, il tape sur son enfant intérieur qui va aller chercher l'adulte en elle pour taper sur l'enfant de l'attaquant... C'est le huit du blessant-blessé, le huit de l'infini qui ne cesse de tourner sur lui-même. L'enfant intérieur ressent la blessure parce que le petit garçon ou la petite fille ont souvent eu des critiques des parents : « Tu n'es pas comme ci, tu n'es pas comme ça », et il est particulièrement vulnérable.

C'est ainsi que, le matin, vous faites une réflexion désagréable à votre conjoint, il se sent blessé, il vous en fait une en retour, tout aussi désagréable, et vous partez chacun avec la mine un peu renfrognée ; au déjeuner, vous êtes tout heureux de vous retrouver, mais en fait les réflexes de survie remontent, l'un des deux attaque à nouveau et le cercle vicieux repart. Malgré l'amour, les mécanismes du blessé-blessant se mettent en action. On pourrait croire que les deux adversaires sont des ennemis irréductibles : pas du tout, mais ils ne peuvent pas s'empêcher de s'agresser et de s'accuser réciproquement. Or, quelqu'un qui se sent accusé prend peur tout de suite, il réagit et il construit ses défenses : ou il se ferme ou il attaque, et dans les deux cas il est très malheureux parce que l'énergie négative déployée est destructrice. C'est le « je ne peux pas vivre avec toi, je ne peux pas vivre sans toi ». La guerre d'amour bat son plein. Quand le couple arrive à cet endroit où il ne sait plus maîtriser la blessure, il affronte un de ses poisons majeurs.

Ce qui se joue là pour le couple, se joue tout aussi bien entre deux nations ou au travail entre deux collègues de bureau.

Le danger de la blessure

Quand quelqu'un est blessé, il est potentiellement dangereux.

Les grands blessés de l'amour sont des gens qui ont eu des expériences douloureuses, ils ont parfois acquis une sorte de détachement émotionnel qui leur donne le pouvoir de blesser tout en sachant assez bien se mettre à l'abri. La relation sadomasochiste est à deux pas. Mais en même temps ce n'est pas du sadisme au sens volontaire du terme, c'est une relation compulsive. L'attaquant ne jouit pas de son sadisme. C'est sa blessure qui suppure et qui le fait attaquer et blesser l'autre.

Pour sortir de là, il faut de part et d'autre parvenir à une certaine hauteur de vues pour créer de l'empathie et que chacun puisse se mettre à la place de l'autre. On n'en est pas encore à la résolution, on pose le problème : « J'ai envie de tuer l'autre pour survivre, est-ce que je peux faire en sorte qu'on vive tous les deux ? Est-ce que je peux passer de la violence à l'amour ? » Plus un être a de force pulsionnelle, plus il peut être sublime. Mais il peut aussi être quelqu'un de terrible.

Est-ce que nous, en tant qu'humains, nous allons pouvoir dépasser le conflictuel, amener la paix sur la terre, ou est-ce que nous allons continuer à nous écharper et à nous entre-tuer, que ce soit économiquement, affectivement ou corporellement ?

Les outils pour sortir du conflit

Aux trois réponses archaïques : soumission, contre-attaque et isolement fermeture qui nous enferment dans le conflit, il faut substituer des réponses actives et créatives.

Apposer et non pas opposer

Respirer et ressentir l'impression que me fait cette attaque, la reprendre à mon compte en employant à voix haute les termes utilisés, et avouer honnêtement ce qui se passe en soi. Par exemple, je reformule : « Tu considères que je suis un menteur et je me sens blessé par cette accusation. » À ce stade, la maîtrise de l'écoute, la reformulation constituent une mise en attente qui ne règle pas la situation mais qui ne l'envenime pas non plus. Le bénéfice principal consiste à ne pas s'être laissé entraîner dans le rôle d'attaquant.

S'il s'agit de quelqu'un que je ne connais pas et avec qui je n'ai pas envie de poursuivre la relation, je coupe le contact et je m'éloigne. Mais s'il s'agit d'un collaborateur que je rencontre tous les jours, je ne fais que remettre à plus tard un règlement que je ne me sens pas capable de régler pour l'instant. Nous n'avons pas toujours, en fonction de la profondeur de l'attaque, de la manière dont elle nous atteint, la ressource pour pouvoir régler le conflit. L'essentiel de ce qui est proposé à ce niveau consiste à ne pas entrer dans le huit du blessé-blessant, à ne pas prendre la position d'attaquant.

Ma reformulation est destinée à manifester que je comprends. Je dis : « Oui, j'entends que pour toi je suis un être égoïste par mon attitude. » Pour autant je n'adhère pas à cette opinion ; mais je suis capable de dire à l'autre que je comprends ce qu'il vient de me dire, et c'est déjà un pas important parce qu'il se sent effectivement entendu. Le pas suivant consiste à lui dire qu'il est bien possible que je sois égoïste dans cette situation. Mais distinguons le fait de montrer à l'autre qu'on a entendu, qu'on a compris, et l'adhésion à ce qu'il dit ou le fait de prendre ce que l'autre nous propose. Marquez bien les deux temps.

C'est l'« apposition », c'est-à-dire le fait de mettre deux choses l'une à côté de l'autre qui fait franchir l'opposition : deux vérités peuvent cohabiter, et toute personne qui porte en elle cette possibilité est déjà une personne de paix. Comment faire, pour prendre conscience et réduire son propre potentiel d'agressivité et de projections sur les autres ?

Accepter la boule d'ombre

Quelqu'un vous attaque, parle sur vous, et vous, vous allez répondre en parlant de vous. C'est ça, parler de son ressenti. Ce n'est pas lui dire : « Toi aussi, tu es égoïste », c'est lui dire : « Je me sens blessé par cette attaque. » C'est lui exprimer ce que vous ressentez dans l'instant et non pas chercher à lui envoyer une charge dans l'autre sens.

Il est bien certain qu'il n'est pas possible de progresser dans ce domaine sans réduire d'abord la pression qu'on entretient sur soi. Si vous culpabilisez beaucoup, si votre critique intérieur est très rude en vous, vous aurez du mal à entrer dans cette empathie, cette bienveillance et cette maîtrise de l'attaque. Il s'agit donc bien de développer, par tout un ensemble de compréhension et d'habitudes, un réservoir quasi spirituel d'amour de la vie.

Derrière les mots d'un attaquant, il y a souvent une demande d'amour, de considération, il tente d'obtenir ce qu'il désire par effraction. Et tant que vous répondez dans votre blessure, il reste dans son rôle de bourreau qui se venge du manque d'amour. Quand par exemple votre ami(e) vous reproche de consacrer trop de temps à votre travail plutôt qu'à lui, c'est qu'il/elle a peur, il/elle a peur de vous perdre, d'être moins important(e) pour vous. Votre réponse devra porter non sur une justification, mais sur la réassurance qu'il/elle reste pour vous une personne essentielle. Tant que vous restez sur votre position d'être mal compris, vous ne vous en sortez pas.

Dans la mesure où l'attaqué est capable d'accepter l'accusation, d'accepter de recevoir la boule d'ombre qui lui est envoyée et de comprendre qu'il a là une occasion de grandir, il maintient l'ouverture. Si par contre il accumule les justifications, se défend pied à pied, la situation devient un combat pour savoir qui a raison ou qui a tort.

L'attaqué qui accepte une accusation, qui se remet sincèrement en cause, ne se sent pas pour autant coupable. Il s'habille momentanément du tissu qu'on lui tend. Il peut prendre une identité négative sans se décentrer, sans s'identifier à elle. C'est toute la finesse de la maîtrise du conflit par un des deux adversaires : entrer dans la demande de l'autre en prenant en compte ses griefs, accepter de se remettre en cause ne constituent pas une soumission et un aveu de faute.

Les clefs de cette maîtrise sont l'identification, la désidentification, et la capacité de retournement, c'est-à-dire le réflexe de mise en cause non culpabilisant. Aucun conflit ne résiste à ce positionnement subtil.

« Shifter » l'autre

Il y a quelques années, j'ai reçu une lettre d'une personne qui avait assisté à une conférence où j'indiquais déjà le maniement de la boule d'ombre. Et le lendemain, elle a pu appliquer cette technique. Elle était secrétaire et son patron l'a prise à partie pour un travail qu'elle n'avait pas fait. Au lieu d'avancer des arguments pour se défendre, elle a simplement dit : « Je vais reconsidérer la chose et voir comment je peux faire », sans se donner ni tort ni raison, simplement en acceptant de se remettre en cause. Le soir même, le patron l'a appelée dans son bureau pour lui dire combien il l'appréciait. L'incident était complètement clos. Le patron était reconnaissant à son employée de ne pas s'être laissé entraîner dans un conflit dont ils seraient sortis perdants tous les deux.

Rendez-vous compte que nous prenons les choses au premier degré, si nous nous identifions à un mauvais rôle : nous avons mal et nous réagissons. Le côté égocentré de l'écoute nous fait déraper.

Il ne s'agit pas de se laisser blesser car chaque blessure peut renforcer encore un peu plus l'ego, mais de regarder le mécanisme de l'accusation avec de la distance, avec une conscience témoin. Ce n'est pas une manipulation mais une manière de « shifter » l'autre, de le faire changer de niveau d'énergie, comme passer des pleurs au rire ou de la colère au calme.

Le shift ne peut intervenir que dans une réaction créative au conflit, non pas à partir d'un raisonnement rationnel, mais à partir de la conscience témoin pour laisser la place à l'émergence d'une solution créative : les étapes techniques que nous avons décrites, respirer, reformuler, exprimer son ressenti, sont destinées à permettre ce moment magique où l'attaqué se déplace intérieurement pour laisser de la place à la vérité de l'autre.

Ces techniques, nous devons les garder à l'esprit toute notre vie même si nous avançons dans le plaisir d'une relation gagnant-gagnant. Nous aurons toujours des écueils, des moments où nous nous apercevrons que nous préférons être un tyran ou gagner seul, où nous jouissons du plaisir de la défaite de l'autre. Rien n'est acquis une fois pour toutes : devenir un être de paix, faire le voyage de l'amour demande une vigilance constante même si un muscle exercé fonctionne plus aisément.

Souvenons-nous de trois expressions populaires qui vont dans le même sens : « Tourner sept fois sa langue dans sa bouche » permet de se donner du temps, de prendre de la distance ; « Il me cherche », en parlant de quelqu'un qui nous attaque, fait bien allusion aussi à un désir de proximité. « C'est celui qui dit qui l'est », dénonce la projection.

Le langage insidieux

Devenir un être, non plus mené par son côté prédateur, mais sollicité, engagé à l'intérieur de lui vers un désir de partage et d'amour nous engage au niveau de la reconquête à l'intérieur de soi, dans chacune de nos cellules, dans cette bienveillance, cette aménité, cette possibilité d'empathie qui nous fait aimer le bien de l'autre autant que le nôtre.

Aller chercher d'autres ressources en soi et faire connaissance avec le plaisir de partager une relation gagnant-gagnant permet de consolider la capacité à dépasser un conflit. Mais ne nous voyons pas seulement comme des attaqués : à tout moment, nous pouvons être pour les autres des attaquants. Ce qui ne nous empêche pas ensuite de nous plaindre : « Il m'a fait mal. » Il nous faut garder une grande vigilance pour détecter derrière nos propres comportements les petites bombes qui y sont cachées et qui peuvent immédiatement enflammer la situation.

Nous sommes prompts à remarquer le mal qui nous est fait mais nous oublions la manière dont nous provoquons l'autre. L'énergie circule entre la victime et le bourreau, notamment à travers les échanges de paroles, beaucoup moins visibles que le fait de sortir une grenade ou un revolver, mais tout aussi dangereux et beaucoup plus insidieux, sous forme de prise de pouvoir, d'écrasement sournois.

Le rôle de l'éducation

Probablement que ce qui mine la situation, et je ne l'évoquerai que pour mémoire, c'est que l'éducation a longtemps été considérée comme l'action de redresser une plante qui serait à la fois sauvage et mauvaise, et donc consistait à intervenir sans respect pour la personne, et sans convenir que l'enfant est déjà une personne. On ne demandait pas évidemment l'adhésion de la conscience de l'autre dans cette éducation. Et il y avait là une source d'écrasement, de prise de pouvoir, de prise d'énergie, de blessure, ce qui a fait de nous tous, ex-enfants, des blessés potentiels, ou plutôt des blessés réels et donc des blessants potentiels.

Aujourd'hui nous avons plus conscience intellectuellement qu'il faut respecter les enfants, mais cette sensation qu'on peut éduquer dans une relation d'égal à égal et qu'il serait sans doute beaucoup plus avantageux de suggérer plutôt que d'imposer n'est pas encore passée dans les mœurs.

Récemment j'étais avec une jeune femme dont le fils drogué était en prison, et qui n'arrivait pas à établir le contact avec lui. Je lui ai dit : « Écris-lui une lettre dans laquelle tu lui dis tout ce que tu trouves de bien chez lui. » Elle l'a fait, et pour la première fois elle a reçu une lettre de son fils lui parlant d'elle, lui demandant de ses nouvelles, ce qu'il ne faisait jamais auparavant. Elle avait l'impression que pour la première fois le dialogue pouvait se rétablir.

Restez bien conscients que toute personne a en elle un besoin de reconnaissance. Elle cherche la communication, parfois d'une manière qui n'est pas adéquate et même brutale. Gardez présent à l'esprit que « c'est possible » et développez vous-même votre pouvoir personnel.

Si je parviens à faire quelque chose qui me paraissait difficile, ma confiance en moi est renforcée, cette confiance en moi renforce mon pouvoir, mon pouvoir renforce ma confiance en moi, et la roue de l'évolution se met à tourner dans le bon sens. Vous avez besoin de garder l'œil déjà sur ce possible, de l'exercer.

Ce n'est pas le cadeau tout ficelé que l'on trouve sous le sapin, non, c'est quelque chose que vous avez à conquérir, une voie, un chemin, quelque chose qui en même temps vous donne de l'espoir, quelque chose qui fait que si vous, vous passez par là, d'autres y passeront, car il est presque certain qu'un tel apprentissage se transmet à l'entourage et aux générations suivantes.

Comment faire pour ne pas être un attaquant indirect ?

• Commencez par repérer dans votre langage et votre pensée les jugements négatifs qui s'adressent aux autres : ma mère me demande plus d'attention, et je la qualifie d'égoïste voire de tyrannique ; j'aimerais voir ma fille plus souvent, et je la qualifie d'indifférente. Dans quelle mesure sont-ils plutôt l'expression de ma culpabilité ou de mon incapacité à exprimer mes propres besoins ?

L'attaquant est quelqu'un de frustré dans ses besoins. La première façon qu'il a de changer cette situation consiste à se responsabiliser et à tenter d'exprimer ce qu'il désire, sans le formuler comme une critique ou une attaque : ne pas dire « Tu ne m'appelles pas au téléphone depuis plusieurs jours », mais « J'ai un désir d'échanger avec toi régulièrement ».

Plus j'accuse l'autre, plus je l'éloigne de moi, alors que mon désir initial est de m'en rapprocher. Plus je le contrains, plus il résiste. Et s'il se soumet, il se dévalorise ou entretient de l'animosité.

Plus on apprend à formuler ses besoins et plus on ouvre la porte à leur réalisation, moins on a besoin d'avoir recours au discours négatif, à l'accusation de l'autre ou de soi.

• Ne craignez plus d'avoir tort. C'est la peur du mal, la peur de la faute qui alimente cette manière aliénante de se comporter. Elle nous vient de l'enfance. Il y a un apprivoisement du négatif que tout être humain doit accomplir au cours de sa vie s'il veut sortir des comportements conflictuels.

• Apprenez à distinguer entre observation et jugement.

« Mon fils a fumé trente cigarettes dans la semaine » est une observation.

« Mon fils fume beaucoup trop » est un jugement.

« J'ai fait quatre heures supplémentaires cette semaine » est une observation.

« Mon travail est beaucoup trop astreignant » est un jugement.

Cet exercice très simple permet de repérer le poids de dramatisation et d'exagérations que nous introduisons dans notre vie.

• Méfiez-vous de votre langage, souvent trop figé par rapport à la complexité de la vie. Les attaques indirectes comme : « Personne ne m'aide jamais dans cette maison, tout repose sur moi, je n'ai jamais un moment à moi, je me sens constamment agressé, je me sens mal, etc. » peuvent être d'une grande violence. Personne n'est nommément désigné mais l'accusation est implicite, et la personne à qui s'adresse le message se reconnaît.

L'arsenal des attaques

L'arsenal du dominant qu'est tout agresseur est impressionnant :

– la culpabilisation : « tu ne fais rien à la maison » « tu rentres toujours tard le soir » « tu dépenses trop d'argent » ;
– la dévalorisation : « tu ne sais rien faire », « tu n'es qu'un bon à rien », « ton égoïsme dépasse les bornes » ;
– le dédain silencieux ;
– l'intimidation psychique ou physique ;
– la violence physique ;
– le chantage affectif : « personne ne t'aime comme moi », « tu ne retrouveras pas quelqu'un comme moi » ;
– le silence ;
– la plainte ;
– le déni ;
– l'opposition ;
– la rétorsion : « je te prends au mot... » ;
– l'adulation ;
– la menace : « si tu continues je pars »...

Comment minimiser la blessure causée par une attaque ?

Dans un combat, le bouclier permettait autrefois aux chevaliers de protéger leurs poitrines. Pourquoi ne pas simplement imaginer un bouclier psychique qui permettrait de dévier l'attaque et qui s'appellerait indifférence ou invulnérabilité ? Parce que le problème serait loin d'être résolu : l'attaquant s'acharnerait et finirait bien par trouver la faille.

La solution de paix ne peut pas se trouver dans ce type de comportement. La véritable force, c'est d'être capable d'assumer sa faiblesse.

Prenons une image. Imaginons que l'attaquant ait accumulé, à force de frustrations, une boule d'ombre contre son conjoint. À la première occasion, qu'il ne manque pas de provoquer, il lui lance sa boule d'ombre, sous forme de quelques accusations bien ajustées, c'est-à-dire ayant un fondement de vérité et beaucoup d'exagération – notons que là réside la force de l'attaquant : le cocktail explosif d'un peu de « vrai » et de beaucoup de « faux ».

L'attaqué réplique immédiatement. C'est là qu'il a tort. Il ne peut muter le conflit qu'en recevant la boule d'ombre, en acceptant de la regarder, de la prendre en considération. Par cette attitude inattendue, il atteint à un niveau de conscience plus élevé : il réalise que ce qui était censé le blesser dans l'intention première de l'attaquant peut le faire grandir et l'enrichir. La boule d'ombre contient des accusations auxquelles il doit réfléchir sans s'émouvoir car les comportements et les torts qu'elles concernent font partie de toute vie humaine. Il sort grandi de l'expérience. Et l'attaquant se sent compris, allégé de sa rancœur.

Ce qui s'est passé, c'est que l'attaqué a su déplacer son attention sur la demande de l'autre. Il s'est branché sur ses qualités d'empathie.

Ainsi le conflit se trouve transformé en un échange sur des besoins respectifs peut-être non exprimés. Chacun garde la tête haute.

Attention alors de ne pas employer le mot « mais ». Si quelqu'un reformule une accusation, accepte de la considérer et dit ensuite « mais », tout le bénéfice de la détente est compromis.

Le rôle des besoins

Prendre la responsabilité de ses besoins permet de ne pas attribuer de torts à autrui lorsqu'ils ne sont pas satisfaits. Et plus on apprend à formuler ses besoins, plus on ouvre la porte à leur réalisation. Moins aussi on est tenté d'avoir recours à l'accusation de l'autre et de soi.

La frustration de l'attaquant

Travailler à desserrer la mâchoire de sa propre tyrannie, c'est d'abord travailler sur l'élucidation de ses besoins.

Dans la mesure où vous êtes insatisfait, vous allez être beaucoup plus prédisposé à tyranniser les autres pour obtenir quelque chose dont vous ne savez pas vraiment d'ailleurs la nature. La frustration fait de quiconque un attaquant potentiel.

Imaginons de nouveau que ma mère me fasse savoir qu'elle désire plus d'attention. Sa demande me pose problème parce que je suis très occupée par ailleurs. Je peux très bien alors me surprendre à l'accuser, en parlant d'elle avec quelqu'un, d'être égoïste et tyrannique.

En fait, je suis en train de grossir une situation, d'aller même jusqu'à la caricature, parce que je me sens coupable de ne pas pouvoir répondre à sa demande.

Je suis un attaquant indirect.

Je nourris un terrain négatif tout simplement parce que je n'ai pas été capable de lui dire : « Là, je peux, là, je ne peux pas. » Parce que je n'ai pas pris les choses en face et que je suis restée en dérapage sur ma culpabilité.

Inversement, supposez que vous aimeriez voir plus souvent votre fils ou votre fille, mais au lieu de vous manifester auprès de lui (ou d'elle), vous allez vous plaindre auprès de quelqu'un de l'indifférence qu'il (elle) cultive à votre égard. Et donc, au lieu de vous mettre en face de votre besoin et de dire : « J'ai envie de voir mon fils ou ma fille toutes les semaines », vous allez évacuer votre frustration dans une parole négative.

Au lieu de nous mettre en face de ce que nous désirons, nous entrons dans un processus de négation sur l'autre comme si nous étions impuissants, comme si nous étions des victimes, comme si la possibilité de créer et de gérer nos relations ne nous appartenait pas. Nous démissionnons de notre responsabilité créatrice.

Se considérer comme le créateur de sa vie et non pas comme une victime est le moteur central d'une attitude juste dans le conflit et dans la tyrannie. Cessons de nous plaindre des autres lorsque nos besoins ne sont pas satisfaits ou contrariés, et nous cesserons d'entretenir les conflits.

L'auto-empathie

On a beaucoup parlé de l'empathie vis-à-vis de l'autre, mais l'auto-empathie est aussi nécessaire : elle consiste à s'écouter, à prendre attentivement garde à ce que nous aimons vraiment pour ne pas rester dans les conditionnements que parfois nous nous sommes nous-mêmes imposés ou que l'entourage tend à nous imposer : tous les « je dois » qui sont parfois si gris, « je dois être une bonne mère », « je dois être un bon fils »...

Faire la liste de ses besoins et de ses priorités est un exercice aussi utile que difficile parfois. Il permet d'être au clair avec soi-même. Évoquons une liste non exhaustive.

Besoin d'amour	Sentiment de compter
Besoin de sécurité	Ne pas être menacé
Besoin d'écoute	Compréhension
Besoin de reconnaissance	Considération
Besoin d'affirmation	Estime de soi
Besoin de liberté	Choix, autonomie
Besoin de créativité	

Quant à l'attaqué, il a besoin pour apprendre à traverser un conflit sans se blesser d'apprendre à ne pas mettre l'autre en tort tout en acceptant de se remettre en question, exercice de haute voltige pour l'ego.

En résumé : La gestion du conflit

Respiration consciente + gloups (avaler sa salive).
Se mettre en écoute active, ouverte (chercher à développer un réflexe), attention bienveillante.
Ressentir.
Reformuler.
Exprimer son ressenti.
Empathie : considération de l'autre.
Réceptionner la boule d'ombre.
Accepter en respirant.
Exprimer cette acceptation.
Ressentir-respirer.

Créer sa vie

La dimension de l'intelligence éclairée

Sur la roue de la transformation, l'intelligence éclairée apporte un changement décisif, une mise à distance, une prise de conscience, une capacité de verbalisation, une mise en ordre théorique. Pour la première fois le monde pulsionnel et archaïque se trouve battu en brèche, mis sous contrôle et en suspension au moins provisoire. La rationalisation gagne du terrain et apporte un apaisement, y compris dans le domaine émotionnel.

Pour décisif qu'il soit, ce retournement n'est pas définitif : les bonnes idées et les intentions n'ont jamais suffi pour apporter un changement. On dit même que l'enfer est pavé de bonnes intentions, ce qui est vertigineux.

Tout cet ouvrage est bâti sur une approche éclairée des sentiments et des relations, tient compte à la fois d'une évolution sociale, historique et d'une évolution psychologique dans la logique des possibles. Cette approche a ses limites et ses zones d'impuissance. Chacun sait qu'il y a des écarts entre la théorie et la pratique, qu'on peut savoir que tel comportement est nuisible pour soi et l'environnement et continuer pourtant de s'y adonner. Pourquoi cette disjonction entre savoir et pratiquer ? À quelle dysharmonie de l'être renvoie-t-elle ? N'y a-t-il pas là une manière de se mettre en échec, de cultiver une impuissance ou une complicité avec le pulsionnel destructeur ?

À partir de ce que nous avons déjà abordé dans les chapitres précédents, nous pouvons soupçonner que l'enfant intérieur et le critique intérieur sont en lutte, mais aussi que l'ego de conscience ne fait pas entendre suffisamment sa voix pour que les sous-personnalités se rangent sous son autorité. Or, pour la première fois, la volonté consciente prend le commandement dans une vision gagnant-gagnant. Au premier tour de spirale, elle n'intervient que sur le quatrième rayon, mais dès le second, les prises de conscience concernent le fusionnel, le dominant-dominé et le conflictuel. Une personne devient alors apte à se regarder engloutie dans une relation fusionnelle quelle qu'elle soit, à évoquer sa ou ses dépendances. Il en est de même d'une domination, d'une soumission et d'un conflit. Pour autant, elle ne sait pas comment en sortir. La souffrance trouve un adoucissement dans la capacité à diagnostiquer le mal, mais il est rare que pour autant celui-ci disparaisse.

Le point fort d'une verbalisation théorique réside dans la lucidité qu'elle apporte et qui peut à la limite être tellement lumineuse qu'elle entraîne un changement. Ainsi certains témoignent de prises de conscience qui ont radicalement modifié leur comportement : du jour au lendemain, plus de cigarette, plus d'alcool, plus de sexe compulsif, etc. La plupart du temps, cependant, les changements se font lentement, avec des allers et retours, des avancées et des régressions.

Le pouvoir de vivre, de créer, de décider demande des moments d'alignement où l'ensemble de la personnalité se rassemble, et les contradictions s'effacent. Le point faible de la dimension éclairée réside justement dans sa capacité à nourrir les contradictions : sur la roue de la transformation, elle est contradiction en négatif et lucidité en positif. La conscience révèle la complexité d'une chose et son contraire : la reconnaître est une richesse potentielle mais aussi un encombrement. Un être humain qui récupère son accès à l'individuation et à la liberté ne peut pas se dispenser d'affronter cet inconfort, et nul doute que celui-ci peut devenir pathologique, voire schizophrénique.

Ne nous leurrons pas, notre époque explore tout particulièrement cet aspect. Le mental prend des aspects pléthoriques. Il y a très peu d'intellectuels véritables mais de plus en plus de gens qui pensent trop à propos de tout et de rien, ce qui empêche considérablement la personne d'être heureuse. Pour que la théorie ne nuise pas à l'action, les outils sont tout particulièrement importants à ce stade. C'est au contact avec le Soi, que certains nomment l'intelligence du cœur, que l'information mentale va recevoir la vitalité qui la rendra agissante et bénéfique.

Cinq outils sont proposés plus particulièrement :

– l'exercice de l'alignement, à partir du pouvoir des croyances ;

– la pratique du ressenti comme contrepoids au mental ;

– l'amour de soi ;

– la transformation des émotions négatives ;

– la pratique de l'empathie.

Le pouvoir créateur des croyances

L'attention aux croyances, qu'elles soient accessibles, cachées ou transparentes, ne cesse de se développer à partir du stade éclairé : qu'est-ce que je crois sur moi, sur les autres, sur la vie, sur le monde ?

Cette attention est au centre de la libération de l'être. Nous accédons là au fonctionnement du mental. À notre époque de communication et d'information, le mental est plus que jamais sollicité, souvent au détriment des autres modes de fonctionnement. La tentation existe de mettre le monde en équation : vivrons-nous un jour dans une super-rationalisation, avec un contrôle du biologique, une maîtrise de la naissance et de la mort ? Nous n'en sommes pas encore là. Mais chaque pensée nouvelle, chaque imaginaire posé ouvre une concrétisation nouvelle. Notre cerveau est l'apprenti sorcier d'un monde en création. Et il est aussi l'apprenti sorcier de notre manière d'être au monde. D'une part, nous sommes conditionnés par toute une pensée collective qui constitue notre référence ou notre contre-référence ; d'autre part, nous modelons des idées qui nous sont propres et qui conditionnent nos vies.

En ce sens nous pouvons dire que nos vies sont le reflet de nos croyances, celles que nous connaissons et celles qui nous sont transparentes, qui nous manipulent de manière invisible.

Vérité unique ou multiple

L'essentiel à ce stade, c'est déjà d'oser réaliser l'incroyable fécondité de ce point de vue : je fabrique ma réalité, je m'autopersuade que ce que je crois est vrai. Je suis le prisonnier de mes idées, le champion de ma vérité, mes actes tendront toujours aussi à prouver ce que je crois. Il y a là une aliénation terrible.

Les croyances peuvent être religieuses, sociales, territoriales, patriotiques, morales, psychologiques, économiques... En considérant le cours de l'histoire, on s'aperçoit que les croyances les plus dangereuses sont les croyances religieuses car elles ont généré du fanatisme. On s'est entre-tué au nom de Dieu, du meilleur dieu pendant des millénaires. Derrière le fait d'être reconnu comme celui qui détient la vérité unique, il y a bien une énergie convoitée, un pouvoir.

Notre époque a introduit le début d'une pratique de la tolérance. La différence ne signe plus opposition : tes croyances et mes croyances peuvent se juxtaposer au lieu de se combattre. Cette tolérance n'est bien souvent que de surface, elle témoigne d'une bonne volonté intellectuelle, mais il s'agit déjà d'un premier pas important. Elle a pris droit de cité sur toute la planète même si elle est bafouée quotidiennement des milliers de fois.

Sur le plan individuel, on voit bien qu'une véritable tolérance demande de dépasser la lutte des ego. Tant que la survie me tient avec la peur pour corollaire, je ne sais pas m'ouvrir à l'autre.

S'identifier au Soi

La question centrale est la suivante : quand cesserai-je de m'identifier à mes pensées ? Ou encore : quand pourrai-je m'identifier à l'essence de ce que je suis, au Soi ?

Nous sommes capables de remarquer à quel point notre temps est occupé par notre corps, et nous déplorons souvent de ne pas accorder plus de temps aux activités artistiques ou à la pensée. Mais les choses se passent encore au-delà. Nous servons un maître tyrannique focalisé sur la matière au lieu de nous adresser à notre Soi. Lorsque le mental et la pensée fonctionnent non reliés au Soi, les injonctions qui viennent du mental sont sans sagesse. De même, lorsque les émotions ne sont pas reliées au mental, elles s'emballent.

La plupart des gens sont très attachés à leurs idées ou à leurs émotions. Il y a ceux qui ne parlent que de réhabiliter l'intelligence de l'émotionnel, et ceux qui ne jurent que par les connaissances intellectuelles et autres. Cet attachement d'origine sécuritaire ne permet pas une bonne coopération des différents étages de l'être et surtout ne facilite pas l'extraction de l'être, sa vision panoramique sur ses fonctionnements, son identification à un monde plus subtil, plus vibratoire, plus sage et plus aimant.

Nettoyer le filtre mental

À partir des croyances, on peut travailler de manière périphérique en allant rechercher les idées nourries dans différents domaines.

Qu'est-ce que je crois sur l'argent, le gouvernement, la famille, l'amour, la vie, le travail, la paresse, le rêve, mes parents, sur moi, sur mes capacités ? Cette exploration est très utile car nous découvrons que nous abritons des croyances négatives qui font obstacle à notre épanouissement. Les changer devient un exercice volontaire, qui ne se fait pas en une fois. Quand on a commencé une telle entreprise, on la continue toute la vie.

Chaque fois qu'un comportement échoue, qu'il est inadapté, il est juste de se demander à quelle croyance il répond. En étudiant le fonctionnement de notre mental, nous sommes alors amenés à nous rendre compte qu'il s'est structuré sur des expériences d'enfance, qu'il a construit des programmations ancrées dans l'inconscient et peu accessibles à la conscience ordinaire. Deux enfants élevés dans la même famille peuvent cependant avoir des opinions très différentes : ils n'ont pas vécu la même réalité parce que chacun de nous perçoit aussi les choses à partir de son filtre mental et de sa sensibilité. Le fondement de la tolérance réside dans cette prise de conscience profonde que notre perception de la réalité est limitée, que mon voisin qui la décrit autrement que moi n'a pas tort, qu'il a simplement enregistré une autre expérience. Nous filtrons le monde, et chaque fois que nous prétendons avoir raison, nous agissons non en êtres éveillés mais en aveugles.

Éventuellement, la manière dont nous percevons les choses nous donne des renseignements sur nous-mêmes, sur nos obsessions et nos peurs. Car nous voyons le monde comme nous sommes. Et tant que nous restons attachés à ce filtre mental, nous créons les expériences qui viennent renforcer nos croyances. Nous tournons en rond. La sortie se trouve du côté de la capacité à se remettre en question. Le sage est celui qui cesse de chercher la vérité et de s'attacher à ses opinions.

Cette position d'observation du fonctionnement de la perception et du mental s'appelle la position du témoin : elle consiste à prendre le recul nécessaire, le temps d'arrêt requis pour se poser les bonnes questions et cesser de croire qu'on tient debout grâce à ses convictions. Cette démarche importante ne fait pas partie de notre éducation et nous allons devoir la cultiver et la renforcer.

Le premier changement consiste donc à changer la vision que l'on a du monde, des autres et de soi-même. Comme si nous vivions dans des bulles transparentes avec des vitres embuées et salies. Jour après jour, il s'agit de nettoyer la vitre. La vue devient plus large, plus dégagée, ce qui permet d'agir avec clairvoyance et créativité quelle que soit la situation.

Devenir le maître de ses croyances

Il s'agit donc de développer cette vigilance interne qui surveille le fonctionnement du mental sans s'identifier à lui. Ce qui est rendu difficile par notre attachement à nos idées, comme si nous n'existions que grâce à elles : mais qui est au service de qui ? est-ce que les idées sont au service de la réalisation de l'être ou est-ce que l'être doit être sacrifié aux idées ?

Au cours des stages que je propose, les participants sont invités à noter dans un petit carnet toutes les croyances qu'ils détectent chez eux. Il y a celles qui se laissent facilement appréhender et celles qui se dérobent, celles qui produisent des effets visibles et celles qui ont été recouvertes par d'autres. L'image est un peu celle d'un oignon avec ses pelures successives. On part d'un mal-être, on cherche la croyance qui l'alimente, puis derrière celle-ci s'en présente une autre, etc. Ce type de travail est un peu difficile à faire seul et il vaut mieux être deux. Chaque croyance doit être considérée et ressentie avant d'être reconnue et abandonnée.

Beaucoup de gens assimilent le travail sur les croyances et la pensée positive, sous sa forme popularisée. Il y a dans la pensée positive un effort pour sortir de l'ornière répétitive du négatif, mais il peut aussi y avoir un mensonge à soi-même, une magie primaire et non réellement opérante. Tant que l'être n'est pas aligné, les injonctions positives ne servent qu'à refouler les émotions et les pensées négatives.

Imaginons que je désire faire des études. Une partie de moi le veut, mais une autre partie se demande comment je vais trouver le temps et l'argent. Je dois écouter mes doutes, en tenir compte éventuellement et trancher. Soit j'abandonne mon projet, soit je décide de tenter le tout pour le tout, je m'aligne sur l'une ou l'autre décision. Après les avoir écoutés je demande à mes doutes de bien vouloir laisser le champ libre à ma décision. Mon ego conscient a fait un choix après délibération avec les parties concernées. La personne est centrée.

Par rapport aux émotions, la démarche est la même. L'émotion ne peut être refoulée sans dommage pour la santé physique et mentale ; elle demande à être entendue. Il est bon de pouvoir rechercher quelle croyance se cache derrière elle, la ressentir dans un état d'esprit sans jugement, éventuellement l'abandonner et en choisir une autre plus favorable. Ce pouvoir de choisir ses croyances contrebalance leur pouvoir de répétition.

C'est un langage qui peut sembler un peu théorique tant qu'on ne l'a pas expérimenté. Mais en réalité il recouvre une démarche simple.

Imaginons une jeune fille dont le fiancé doit recevoir chez lui l'une de ses anciennes petites amies. Il ne lui a rien caché : il a invité son amie à séjourner quelques jours chez lui pour lui remonter le moral parce qu'elle a perdu son travail. Mais seule et livrée à ses pensées, cette jeune fille se tourmente, elle imagine l'intimité des gestes qu'ils peuvent retrouver. Elle se sent envahie de pensées négatives. Elle repère sa croyance de ne pas être aimée. Le téléphone sonne : son fiancé, tout joyeux, lui parle de sa journée avec son amie avec confiance et tendresse. Sa propre méfiance fond aussitôt, elle se met au diapason et peut lui répondre avec amour. La certitude d'être aimée est revenue au seul ton de la voix de l'autre. Elle ne s'est pas accrochée à son expérience précédente, elle s'est laissé inspirer par l'instant et elle a changé son système de croyance sur leur relation.

Mais imaginons que le fiancé ne soit pas très clair avec ses propres sentiments et que son appel soit relativement distant. Évidemment, la jeune fille trouverait alors de quoi alimenter ses inquiétudes. Elle se sentirait peut-être envahie par la jalousie ou bien elle se fermerait. Autant d'émotions négatives qui la feraient souffrir. Dans quelle mesure peut-elle alors transformer ces émotions en changeant son système de croyance ?

Nous touchons là une partie très sensible de l'être humain et il est difficile de prévoir la manière dont nous pouvons nous sentir atteints et réagir. Beaucoup de personnes se contenteront de souffrir, et tenteront de cacher, de nier, de refouler cette souffrance qui se traduira par de la fatigue, de la mauvaise humeur, des maux de tête et pire. D'autres étaleront longuement devant une oreille complaisante leurs difficultés, montreront leurs souffrances à des tiers ou provoqueront dans le couple une crise agressive.

Une troisième manière de réagir consiste à se relier au Soi, à l'acceptation de ce qui est, à une relative sérénité : Ce n'est pas parce qu'il éprouve encore quelque chose pour elle qu'il ne m'aime plus ou qu'il m'aime moins. Je ressens la morsure du doute, mais je maîtrise ce négatif. Mon travail de conscience consiste à changer ma manière de penser ces circonstances.

Il ne s'agit pas de contrôle, mais de maîtrise avec un sentiment de libération intérieure.

Notre choix réside dans la manière dont nous composons avec ce qui se présente dans notre vie ; à chaque instant nous avons la possibilité de transformer le lourd en léger quand il arrive jusqu'à nous. C'est une question d'expérience, de pratique et d'entraînement. Soit nous réagissons en laissant parler nos émotions négatives, soit nous agissons en nous reliant au Soi.

Le ressenti comme art de vivre

Le ressenti se développe à partir de l'intelligence éclairée mais ne cesse de prendre de la place et de se perfectionner sur la roue jusqu'à prendre toute l'ampleur du réceptif au septième stade.

Goûter le présent

Le ressenti est au cœur de la réalisation et de la plénitude. Celui qui est dans le réceptif est aussi à l'écoute de son cœur. Son mental se vide de pensées qui le portent en avant ou en arrière. Il s'inscrit dans le présent et il goûte. Tout ce qui est là lui parle d'éternité. Il n'a pas le désir de se distraire de lui-même. Il est absorbé par sa plénitude. Tout lui est prétexte à se réjouir. Il n'a pas non plus le désir de créer parce que la création de quelque chose d'extérieur à son être le projette hors de lui-même.

Le ressenti est à la fois la source même du créateur et sa limite. La création se fait toujours dans la tension de la recherche, dans l'inquiétude et l'incomplétude que produit un accouchement, le créateur se donne et se sacrifie, il nourrit son œuvre de sa substance vive. Mais auparavant il a fallu qu'il sache se remplir le plus souvent dans des temps de solitude : il a écouté, humé, caressé, absorbé avec les yeux, goûté dans le miel de son palais et il s'est vécu plein, uni et perceptif. Plus rarement, il a découvert un frère d'âme avec qui communier dans cette réceptivité de l'instant.

Le maître mot est ici disponibilité, ouverture, préservation d'un niveau d'énergie. Car il s'agit d'un état fragile, planant diraient certains, mais en réalité seulement perceptif et infiniment précieux. Certaines drogues douces comme le haschich favorisent l'accès à cet état de réceptivité et d'expansion de conscience. Mais il est aussi possible de le rechercher, de le cultiver par un acte de volonté consciente.

Le meilleur et le pire

Lorsque cet état se présente de lui-même, certaines personnes le réfrènent, un peu effrayées de leur état ou du jugement des autres : « Tu as l'air bizarre. » Le contact avec des personnes stressées, de mauvaises nouvelles, des soucis de tous ordres, des doutes sur soi-même, des peurs peuvent faire basculer rapidement dans les pensées négatives.

C'est une chute comparable à celle du paradis : on peut passer de la plénitude au malaise, au mal-être, avec une sensation de vide vertigineux. La même sensibilité ouverte à des énergies négatives amène à percevoir par exemple dans la rue d'autres naufragés de la vie qui s'efforcent de faire semblant, qui continuent de marcher, de s'agiter avec un sentiment de lassitude profonde, chacun attendant les prochaines heures de rémission qui heureusement ne manqueront pas de se présenter. Chacun s'enferme dans sa désespérance, espérant que rien ne viendra les trahir, et qu'ils ne contamineront pas ce sur quoi leurs yeux se posent.

Descend-on d'autant plus bas qu'on est monté plus haut ? Y a-t-il un prix à payer aux extases de vivre ? L'alternance des états est-elle inéluctable ? Où se trouve la distance intérieure ? Qui en moi sait que ces états sont impermanents et permanents en même temps, qu'il ne s'agit pas de s'attacher à l'un ou à l'autre pour approcher du Soi ? Si ma personnalité s'accroche à l'extase je plane, si elle s'accroche au désespoir, je deviens morbide, je flirte avec la mort. Si je soutiens l'un et l'autre, si je m'ouvre au ressenti du meilleur et du pire, j'acquiers une profondeur, un enracinement, une sève d'éternité.

Quels sont les moments de ressenti ?

Ils sont présents tout le temps mais, trop occupés par les idées, nous n'y prêtons guère attention. Le film de la beauté du monde se déroule sans nous. L'abondance est surprenante. La lune et le soleil ne nous font jamais défaut, les saisons se succèdent, les arbres fleurissent, l'air sent bon, toute la nature offre des cadeaux sans compter, et nous sommes occupés. Nous sommes pour la plupart entourés d'êtres que nous aimons, que nous pouvons prendre dans nos bras et, pourtant, la plupart du temps nous courons, nous poursuivons des plans à l'infini, nous sommes dans le combat, la domination et la soumission. Trop occupés à créer nos malheurs, nous n'avons plus le temps de jouir d'être en vie.

Nous en avons un exemple flagrant dans la manière dont nous nous nourrissons. Ceux qui mangent trop, mal, trop sucré, trop gras, prennent de l'embonpoint, s'encrassent, déclenchent des maladies, et tout ce mal-être physiologique, qui se répercute lui-même dans un mal-être psychologique, absorbe tout le champ de conscience. Dans ce cercle vicieux, il n'y a pas de place pour l'extase.

Le ressenti vient nous cueillir par surprise et nous l'avons sans doute préparé à notre manière inconsciemment. L'intensité d'une sensation s'impose, se pose en nous. C'est un air de musique, un goût, un panorama, c'est une peinture, une sculpture, une expression, une qualité de peau, un rêve, une odeur... et la totalité du monde arrive, tout prend sens.

Les sens donnent accès à l'essence et au sens. Vivre cette phrase imprègne l'individu d'une sagesse substantielle. La difficulté, c'est que nous ne la vivons pas à plein temps. Elle est au mieux comme un pointillé, une intermittence.

Ne pouvons-nous pas solliciter en conscience le ressenti pour qu'il nous nourrisse, pour que nous cessions de vivre comme des affamés tentant en vain de se rassasier avec des leurres ? Car c'est ce que nous faisons avec nos remplissages consommateurs de marchandises et de cultures. Nous vivons constamment comme des esclaves de faux besoins.

Recherche consciente

Le retour sur soi et la méditation active accompagnée d'une respiration consciente sont des portes à rouvrir. Une promenade d'une demi-heure à une heure par jour en solitaire permet de se ressourcer dans le ressentir et donne un axe de force à une journée.

L'état d'esprit à développer pendant cette marche fait toute la différence. Si votre esprit est agité par toutes sortes d'idées, vous n'obtiendrez éventuellement que le bénéfice du mouvement et de l'oxygénation, ce qui n'est pas à négliger mais représente le minimum. Efforcez-vous de garder votre respiration consciente pendant toute cette demi-heure. Vous verrez que c'est déjà très difficile. Plus cette respiration descend dans le ventre, plus elle vous sera bénéfique et plus elle vous mettra en contact avec les sensations de votre corps. Choisissez aussi de vous ouvrir à quelque chose qui se trouve sur votre chemin, une pierre, une fleur, un arbre, une limace, un chien, le ciel, le rocher, la mousse, le lac, la lune, le soleil... Identifiez-vous à cette chose aussi complètement que possible – l'identification est une clef majeure dans le ressourcement actif. Deux mouvements sont envisageables : je peux me dissoudre dans une portion de ciel bleu pour devenir ce ciel, je peux aussi le faire entrer en moi jusqu'à ce qu'il envahisse tout ce que je suis. Cette faculté poétique d'identification passe par l'imaginaire mais le dépasse pour revenir à la sensation. Il ne s'agit pas de laisser délirer sa tête, d'inventer une histoire avec le ciel ou avec l'arbre, mais de perdre son identité, de se laisser couler dans l'objet choisi. Une divine sensation de légèreté accompagne cette dépersonnalisation. Ne faire qu'un avec ce qui est : tel est le langage des mystiques.

Au début d'une telle pratique, les personnes les plus intellectuelles éprouvent une grande résistance et un ennui insurmontable. Cet exercice leur paraît absurde, puis peu à peu chacun découvre que quelque chose de précieux, d'intérieur peut se passer. Au-delà du « Je suis l'animal » apparaît le « Je suis », c'est-à-dire une plénitude, un état d'expansion fait d'apaisement et de légèreté que l'on souhaiterait ne jamais quitter.

Pour certains, c'est une grande découverte. Les visages en sont comme lissés et une grande qualité de silence s'instaure, un plaisir à être qui se passe de tout commentaire et qui instaure un état méditatif spontané. Il y a là comme un baptême intérieur. De même que celui qui apprend à nager ne perd plus cet apprentissage même s'il n'a pas l'occasion de le pratiquer, celui qui a connu cet état reste quelque part en contact avec cette expérience.

Nourrir le sentiment d'unité

Le calme, la foi, la joie de vivre sont construits sur ce sentiment d'unité qui fut aussi le sentiment océanique de notre vie intra-utérine dans le ventre de notre mère.

Parfois, des polémiques s'élèvent autour de cette vie intra-utérine. À juste titre certains rappellent qu'il n'y eut pas que des moments idylliques, que ce fut même parfois inconfortable et traumatisant pour le fœtus que nous avons été. Mais, quoi qu'il en soit, dans le confort ou l'inconfort, le sentiment d'unité existait et nous en sommes à jamais marqués, ce qui contribue à faire de tous les humains des êtres religieux qui s'ignorent, des mystiques potentiels.

Comment nourrissons-nous au quotidien ce sentiment d'unité ? Nous apportons à notre corps physique des soins, de l'attention, nous le lavons, nous l'alimentons, et nous ne nous occupons pas de notre corps subtil, de notre grande conscience. Nous consacrons la plus grande partie de notre temps à la vie matérielle, aux apparences, à la vie extérieure, et nous faisons comme si la vie intérieure n'existait pas. Et pourtant le dialogue intérieur se poursuit inlassablement et tout ce qui existe pour nous dépend de l'orientation de notre regard.

Comment cultiver ma grande conscience, celle qui me relie à des aspects plus cosmiques ? Comment sortir de l'enfermement où me conduisent ma lutte pour survivre et tous les détails qui s'accumulent et m'emprisonnent ?

Ma foi dans le dévoilement de ma sagesse en marche chaque jour à travers les événements est conditionnée par le temps que je prends pour mettre en route mon sentiment d'unité. Plusieurs fois par jour, je suis invité à me désidentifier de ce corps qui est à la fois ma chance et ma prison, qui me fait exister et qui me limite : ce tableau qui est dans mon bureau m'appelle dans son horizon, de même que cette statue que j'ai posée sur ma table de travail.

Mais quels ont été mes critères de choix ? Je dois bien m'avouer que j'ai obéi à des sensations esthétiques, beauté des formes et des couleurs. Ai-je tendance à m'identifier à des choses laides ou même repoussantes au premier abord ? Non, bien sûr. Et pourtant, il y a là quelque chose de très important : beauté et laideur parlent le langage du jugement, la discrimination est à l'œuvre. Si nous voulons faire du ressenti une expérience vaste, nous avons besoin de quitter ces jugements trop limités et de nous rouvrir encore. Cette chose que je trouve laide n'est-elle pas belle par d'autres aspects et n'est-il pas possible que je l'accepte sans jugement juste comme elle est, parce qu'elle est ?

Nous pourrions dire que dans l'état de conscience ordinaire, nous avons tendance à classer nos perceptions de manière primaire : ce qui nous plaît et ce qui nous déplaît. Pour élargir notre champ de tolérance, nous avons besoin d'aller au-delà de cette réaction première. Nous fortifions ainsi en nous l'ouverture et nous commençons à entrevoir ce qu'est cette neutralité bienveillante, cette acceptation sans condition qui peut nous faire approcher l'amour inconditionnel.

À travers cette expérience des jugements positifs et négatifs, puis d'une perception sans jugement, nous découvrons l'immense plaisir qui se cache dans un état plus évolué d'expansion. Notre partie divine nous réclame. Nous portons une terrible nostalgie de l'ouverture, et c'est à nous-mêmes que nous faisons le plus de mal lorsque nous nous contentons de vivre rétrécis et apeurés, bardés de jugements définitifs et coupants.

Un mode d'être

Vivre en ressenti est donc un mode d'être qui s'instaure avec le temps et l'exercice. Pendant les stages d'initiation, il est pratiqué en continu, plusieurs fois par jour ; puis, lors de stages suivants, il est encore repris, il change d'intensité et de profondeur, il s'intègre de plus en plus jusqu'à devenir naturel. Le cerveau sort de ses repères utilitaires, fait appel à sa fonction poétique, extatique, là où les deux hémisphères cérébraux se mettent en résonance mutuelle.

Vivre en ressenti, c'est pratiquer comme une prière païenne, sans référence à une divinité extérieure, sans demande de pardon ou d'intercession. La confiance en soi y trouve un socle plus sûr que celui des acquis de la personnalité. On peut tout perdre, mais on ne perd pas le trésor intérieur. Et vivre en ressenti, c'est consolider le Soi, concentrer la présence à l'instant.

Tout le monde mange. Mais manger en conscience signifie porter son attention sur ce qu'on mange, savourer la nourriture et en extraire en même temps toute l'énergie qu'elle peut donner. L'acte de manger a besoin d'être sanctifié. Pour honorer la vie qui est en nous comment le faire mieux qu'en mangeant consciemment ? Quand on a appris cette qualité d'attention avec la nourriture, on peut l'étendre à une nourriture plus subtile, à savoir l'air.

Quand l'univers se contemple à travers mes propres yeux, je suis sorti du conflit de la dualité, le mot paix prend substance, je suis connecté à la source et je suis la source. Je suis rempli d'énergie et je ne participe plus à la course pour l'énergie. Ces moments privilégiés existent mais je les perds... et je les retrouve.

Se remplir d'énergie

On apprend à récupérer de l'énergie dans la manière de respirer. Sans exercices compliqués, au début il suffit d'adopter une respiration complète qui inclut le ventre et le haut des poumons. Un inspir, une petite rétention en haut, un expir, une petite rétention en bas.

Le regard entre à son tour en action. Un regard attentif posé par exemple sur une plante permet de la voir dans sa luminosité, sa beauté, la brillance de ses feuilles, leur forme, leur couleur. Elle est énergie sous mon regard et elle m'envoie de l'énergie, comme si d'elle émane une force qu'elle me transmet.

Il en est de même avec le son, écouté dans sa finesse, dans sa vibration, avec le toucher, de plus en plus subtil.

Relié à l'énergie, l'être ressent de l'excitation, de l'euphorie, du bonheur.

Aucun changement important ne peut se produire dans notre vie si nous n'apprenons pas à nous remplir consciemment d'énergie en créant ce genre d'états de conscience des dizaines de fois dans la journée. Rien ne nourrit plus l'âme que le silence partagé du monde subtil.

Dans la relation amoureuse, la difficulté vient du mécanisme de dépendance qui s'instaure. Nous arrivons tous d'une enfance dans laquelle nous avons inscrit le message qu'il fallait lutter pour se faire aimer, plaire pour capter l'attention et l'énergie. Nous sommes conditionnés à nous conduire en prédateurs. Pour entrer dans l'amour, nous avons besoin d'apprendre à nous nourrir non pas sur les autres mais à travers nos cinq sens. Nous devons refermer notre bulle sur nous-mêmes, et non plus attirer l'autre dans notre cercle pour combler notre vide.

L'estime ou l'amour de soi

S'aimer soi-même est une injonction nouvelle dans notre société, mais elle est d'une grande profondeur. On pourrait se demander si ce n'est pas l'aspect le plus difficile de l'évolution. C'est le pilier d'une relation différente dans l'amour entre l'homme et la femme. C'est aussi le pilier d'une solitude heureuse et créatrice. Elle commence au stade éclairé de manière raisonnée.

Estime et mésestime

Manque de confiance en soi, d'amour de soi ou au contraire bonne acceptation de soi, en creux ou en plein, il s'agit des deux faces de la même médaille. L'une n'exclut pas l'autre. Nous ne cessons de repérer à quel point nous sommes habités par des contradictions. Et ceux qui se répètent : « Je m'aime, j'ai de la valeur », et autres propositions positives, peuvent très bien cultiver un refoulé important d'opinions contraires.

Quand quelqu'un fait une démarche de développement personnel, il veut d'une part consolider son identité, d'autre part optimiser ses chances de réussite familiale, affective et professionnelle. Le complexe le plus apparent peut être un complexe d'infériorité ou un complexe de supériorité, étant bien entendu que là encore les deux aspects se répondent.

Beaucoup de personnes pensent que si elles réussissent leurs études, leur mariage, leur profession, elles auront une bonne estime d'elles-mêmes. C'est à la fois vrai et faux. Certains se sont construit en apparence une vie impeccable, parfaite, plus que parfaite même, et ils sont recroquevillés à l'intérieur comme dans une forteresse avec l'impression qu'ils sont misérables et la peur que quelqu'un s'en aperçoive. Nous pouvons en partie nous sentir rassurés sur nous-mêmes par nos réalisations, tout comme l'argent nous apporte en partie un sentiment de sécurité, mais, la plupart du temps, nous cherchons dehors ce qui est dedans.

Est-il si difficile d'être bien dans sa peau ?

Qualités et défauts

Quand on demande à une personne de s'attribuer un certain nombre de qualificatifs, de se décrire elle-même, ou elle est positive et elle décrit principalement, voire uniquement, ses qualités, ou elle est négative, et elle placera dans son portrait ses seuls travers ou presque. Que ces opinions soient plus ou moins fausses, sévères ou au contraire complaisantes, quoi qu'il en soit, elles sont surtout très révélatrices de l'image qui est entretenue à l'intérieur de soi.

Ces opinions qui sont aussi des jugements émanent d'une partie de nous-même qui aime jouer le rôle de censure et de critique, on l'a vu. Ce moi s'est forgé en intériorisant les interdits, les croyances drainées par notre milieu social, parental et scolaire. Nous avons ainsi construit un niveau d'exigence auquel nous nous mesurons, qui est censé nous permettre de nous adapter à notre environnement – et il a aussi en cela un rôle positif – mais qui a construit d'impérieux « je dois » absolument redoutables pour le moi joyeux et ludique.

Pour la plupart d'entre nous, ces pressions éducatives s'articulent autour :

- de la valorisation de l'effort ;
- du faire plaisir à l'autre ;
- de la perfection ;
- de la force à tout prix ;
- de la vitesse.

Dans les couches profondes de la psyché, la prison tourne à plein, quelles que soient nos nouvelles croyances qui fonctionnent en superstructures. Certaines personnes sont plus conditionnées sur l'effort, d'autres sur le faire plaisir, etc., mais tous les aspects sont sou-

Les « Je dois »

Je dois travailler beaucoup même si j'ai peu de résultats.

Je dois compter sur moi et sur moi seul.

Je dois faire plaisir à tout le monde. Je dois me dépêcher.

Je dois faire vite pour y arriver.

Je dois exiger beaucoup de moi-même et des autres.

Je dois être excellent et si possible le meilleur.

Je dois tout contrôler car les autres font des erreurs.

Je dois avancer coûte que coûte.

Je dois utiliser mon temps au maximum.

Je dois être exact.

Je dois être impeccable dans tous les domaines.

Je dois cacher ma réussite.

Je dois me mettre en quatre quand je reçois des amis.

Je dois tout contrôler pour ne laisser passer aucune critique.

Je dois aider les autres.

Je dois montrer que je suis le meilleur.

Je dois répondre à tout.

Je dois optimiser mon temps et faire plusieurs choses en même temps.

vent présents ensemble et se renforcent l'un l'autre. Ils sont des poisons violents pour la vie spirituelle. Ils ne se déracinent pas facilement. Ils se réfugient dans les sphères de changement, ils se déguisent, se recyclent pour nous rendre esclaves encore et encore, tant ils sont accouplés à des mécanismes de survie.

S'accepter

Il y a ainsi des gens qui se comportent en bourreaux vis-à-vis d'eux-mêmes et qui ne s'accordent jamais de répit. Ils ne travaillent jamais assez, ils ne réussissent jamais assez, ils n'entendent pas les compliments ou les remerciements, ils courent en avant. Ils souffrent d'un déficit d'amour de soi redoublé d'une incapacité à recevoir ; ils sont donc toujours vides et toujours en attente d'être remplis. Une critique prend une importance démesurée et devient obsessionnelle. Quand ils se trompent, ils se flagelleraient volontiers et s'accablent intérieurement de noms d'oiseaux. Ils nourrissent de forts sentiments de culpabilité qui empoisonnent leur croissance.

Il est très important de pouvoir accueillir ses imperfections, ses erreurs et ses manques dans un climat global d'estime de soi. Ce n'est pas parce que je fais une erreur ou parce que je vis un échec que je cesse d'être quelqu'un de bien. L'art de tirer une leçon de chaque erreur fait partie du voyage vers soi.

Il peut être utile dans un premier temps de reconsidérer les jugements que nous portons sur nous-mêmes. Derrière nos défauts, n'y a-t-il pas plutôt des qualités cachées ? Ma timidité n'est-elle pas de la réserve, ma nervosité de la sensibilité, mon désordre de la fantaisie, ma gourmandise de la sensualité, ma folie de la sagesse ? Inversement, mon courage n'est-il pas parfois sacrificiel ou suicidaire, ma gentillesse une façon de m'oublier moi-même, ma disponibilité aux autres un manque d'écoute de mes besoins ?

Je recherche un endroit de mon être où, au-delà des qualités et des défauts, je peux me regarder sans jugement. Je respire plus largement et je me positionne dans un état d'esprit où j'accepte mon corps comme il est, où je m'accepte comme je suis. Les tensions se relâchent, les pressions se défont, les exigences s'en vont. Je respire encore et je deviens un peu plus vaste, j'entre dans le ressentir, je quitte la pensée. L'acceptation de soi passe par cette expérience de la présence à soi-même que j'appelle parfois la présence douce. Cette sensation d'acceptation est fondatrice de la relation à soi-même.

Aimer son corps

La relation que nous entretenons avec notre corps physique est une base essentielle. Est-ce que j'aime mon corps ? Est-ce que je le nourris correctement ? Est-ce que je lui offre du repos, de l'exercice, est-ce que je crois au pouvoir de ma pensée sur ma santé ? Est-ce que j'entretiens un dialogue énergétique avec les messages qu'il m'envoie ? Est-ce que je tiens compte de ses besoins en eau, en fruits, en légumes, en céréales, en viandes et en poissons ? Est-ce que je développe une écoute du corps ?

L'ouvrage *Corps vivant*[1] donne des indications précieuses dans tous ces domaines. Pas d'amour de soi sans cette attention constante aux messages biologiques. Étirements, respirations, mouvements, efforts physiques, marche font partie d'une hygiène de base. Les sensations sont nos guides. Chaque fois que les pensées s'accélèrent, qu'elles deviennent envahissantes, il est bon de se retourner vers le corps, de danser, de chanter, de marcher ou tout simplement de respirer en faisant le vide.

1. Paule Salomon, *Corps vivant*, Albin Michel, 1995.

S'auto-louanger

Il s'agit maintenant de se placer sur une ligne du temps. En partant de l'expérience la plus récente, on recule dans le passé à la recherche de moments où l'on s'est senti fier de ce que l'on a fait, de ce que l'on a osé. Chacun se construit ainsi sa ligne héroïque, sa ligne de réalisation, en ressentant à nouveau les émotions positives qui étaient liées à ces moments.

Dans quelle mesure suis-je dépendant de l'opinion que les autres ont de moi ? Le passage à l'état adulte se caractérise notamment par le fait de n'avoir plus besoin d'autre approbation que celle que l'on se donne : assumer en somme ce que les philosophes appellent une solitude ontologique. J'ai choisi mes valeurs et j'y suis fidèle.

Plus je remplis les objectifs que je me suis fixés et plus je renforce ma confiance en moi. Je développe mon pouvoir personnel. Plus la roue tourne dans le bon sens, plus ma confiance se renforce et plus mon pouvoir se développe.

Développer son amour de soi

Il appartient à chacun de se donner des permissions nouvelles :

– Je réussis sans efforts.

– Je suis aimé en restant centré sur moi-même.

– Ma valeur en tant qu'être ne dépend pas de ce que je fais ou pas.

– J'ai le droit d'être vulnérable, faible et malade et de le montrer.

– Je prends mon temps...

Ces propositions positives entraînent des réactions

dans ma personnalité. Si je veux aligner ma partie esclave sur ma partie plus libre, j'ai besoin d'écouter encore et encore les plaintes de l'esclave et de ressentir l'épanouissement du maître en moi.

Affirmations d'estime personnelle

Je m'aime et je suis une personne aimable.
Je me plais beaucoup.
Je suis heureux d'être moi.
Les autres me plaisent beaucoup.
J'aime les autres.
Je suis une personne autonome.
Je permets aux autres d'être autonome.
J'ai le droit de dire non aux autres sans perdre leur amour.
Les autres ont le droit de me dire non sans que je leur retire mon amour.
Je m'aime et j'aime les autres.
J'aime les autres et les autres m'aiment.
J'aime les autres et les autres s'aiment.
Je m'aime et les autres m'aiment.
Plus je m'aime plus les autres m'aiment.
Plus je m'aime et plus les autres s'aiment eux-mêmes.
Plus je jouis de la solitude et plus je peux jouir de la présence des autres.
Je mérite toutes mes réussites, qu'elles aient été difficiles ou non.
Je suis une personne valable même si je fais des erreurs.

À travers tous ces exercices, l'estime de soi, l'amour de soi a l'occasion de se libérer, de se développer ; mais ne nous y trompons pas : une vigilance s'impose en ce domaine. Le pouvoir de la conscience collective est encore très développé dans le sens d'un conditionnement des individus à qui il faut apprendre à bien faire tourner la roue chaque jour. Ne confondons pas la conscience morale et la culpabilité des « je dois » avec le jeu libre de la conscience développée inspirée par l'amour.

Des émotions négatives aux émotions positives

Dompter les émotions négatives et développer les émotions positives font partie d'un renversement d'attitude, d'une observation de soi et d'une acquisition de maîtrise.

Assumer la position du créateur, c'est aussi assumer la responsabilité de ses créations et de sa vie. Il n'y a plus personne à blâmer, plus personne à culpabiliser, et les émotions négatives programmées depuis l'enfance doivent trouver une autre voie d'expression que celles de la plainte ou de l'agressivité. La peur, la colère, le ressentiment, la rancune, le sens de l'injustice, le blâme, le jugement, la culpabilité, toutes ces émotions négatives ont l'occasion de se transformer. Le point de vue du créateur favorise cette mutation, facilite le dégagement émotionnel, consolide les résultats. C'est toute la substance caractérielle faite de négativité, d'orgueil, de séparation, de victimisation qui est remplacée par une recherche d'équilibre, de sérénité, d'intelligence et d'amour.

Le sentiment d'injustice et d'impuissance

Le sentiment d'être créateur de sa vie fait tomber comme un château de cartes les émotions négatives liées à l'injustice et l'impuissance. La force intérieure prend le relais de la force extérieure et plus on lui prête d'attention, plus elle existe. Elle n'est pas à confondre avec un sentiment de toute-puissance. Elle puise sa racine dans le Soi, elle apporte le sens de sa dignité, de sa valeur et elle renforce ce que l'on pourrait appeler le pouvoir personnel. Je ne subis plus la vie, je la crée, je la pilote, j'attire à moi ce que je désire. Je découvre que mon mental a un pouvoir créateur.

L'angoisse et le stress

Quand un stress, une angoisse, une anxiété se manifestent, il est important de prendre le temps de se recentrer, de se souvenir que ce qui se présente dans notre vie peut être utilisé pour se construire intérieurement, se rapprocher de la réalité de notre être profond. La véritable sécurité affective est profondément liée à cette conviction : tout peut être transformé par moi pour me rendre plus humain, tout est expérience et matériel de construction, de révélation.

Notre Soi étouffe sous les systèmes de défense qui nous ont protégés à certains moments de notre vie et nous n'osons pas nous en départir. Notre personnalité égotique est construite sur ces limites étroites : allons-nous accepter de les remettre en cause ?

Parfois, au cours de notre vie des inquiétudes, des doutes sur soi, des stress remontent de l'inconscient, s'inscrivent dans le corps sous forme de douleurs, résistent aux exercices proposés. Il faut compter aussi avec la profondeur de cette haine de soi qui passe par des doutes et se prolonge par des forme de destruction, de durcissements psychosomatiques qui dégénèrent parfois en pathologies. Encore et encore l'allègement passe par la détente, la respiration, le changement de perspective.

Oser. Oser parfois ce qui perçu comme un danger, un anéantissement, oser se confronter pour révéler les profondeurs de son être... Le sentiment d'insécurité est plus ou moins permanent et chacun apprend à le desserrer en se reliant au sens de la vie, à la confiance dans la conscience. Nous sommes nourris et protégés par notre grande conscience, celle qui, plus vaste, participe au mystère de la vie. Ce déplacement correspond à un vécu et ne s'explique pas rationnellement. Il n'est pas fait que d'idées, il est.

L'agressivité

Qu'une personne nous attaque, que nous nous sentions trahi, abandonné, mal aimé, manipulé, exploité, nous avons besoin d'écouter cette émotion, de respirer sur elle, d'entendre ce qu'elle a à nous dire. Mais pour sortir de l'ornière où nous nous trouvons, où nous pouvons d'ailleurs nous complaire, nous devons aller plus loin : ma sensation n'est-elle pas disproportionnée ? est-ce que la situation ne me renvoie pas à une blessure antérieure ? n'ai-je pas participé à cette attaque de quelque manière ?

Je me considère comme victime mais, en déplaçant mon point de vue, je peux aussi chercher ce qui m'a attiré cette expérience. D'une certaine manière c'est une partie de moi qui m'attaque et qui me provoque dans un jeu de conscience : j'ai choisi cette autre personne pour incarner une opinion que j'ai de moi. Bien sûr que la victime en moi se rebelle, mais la conscience lucide sait : ce sadisme que je vois chez l'autre est probablement aussi chez moi.

Pour arrêter les émotions négatives, nous avons besoin d'éclairer ce jeu pervers. Le monde n'est pas peuplé de victimes et de bourreaux ; c'est une illusion que nous prenons plaisir à entretenir et qui nous rend perdants.

La culpabilité

Que faire de la culpabilité ? La cultiver parce qu'elle serait la gardienne de notre rédemption ?

La société et la religion en ont fait une arme d'oppression d'autant plus sûre qu'elle s'est intériorisée et que chacun la nourrit et l'entretient comme agent de répression de la bonne conscience : ceux qui sont fortement imprégnés de culpabilité, en général depuis l'enfance, sont aussi très obéissants, facilement manipulables et potentiellement victimes. Dans ce mécanisme, il y a deux impostures : d'une part, l'amour est considéré comme conditionnel, lié à ce que l'on fait ou ne fait pas ; d'autre part, il est extérieur, donné ou non par l'autre. Pour couronner le tout, on ajoute une dimension de châtiment qui fait de l'erreur une faute.

Le point de vue du créateur amène à cette conclusion radicale : la culpabilité n'existe pas dans la mesure où l'opposition du bien et du mal n'est pas adoptée comme loi de l'univers. À chaque instant nous créons au plus juste de ce que nous sommes, ce qui nous rend responsables, mais notre valeur intrinsèque n'est pas suspendue à un jugement extérieur, que ce soit celui des autres ou celui des faits. Plus quelqu'un se replante dans son estime personnelle, dans son amour de soi, plus il devient celui qui décide sur le bien et le mal, plus il s'éloigne de cette culpabilité liée à la profondeur de la faute et du péché.

Dans beaucoup de cas, c'est l'ignorance qui est à la base d'un comportement destructeur, et non une intention délibérée. Chacun d'entre nous doit se rendre compte qu'il a agi avec sa conscience du moment, avec ses limites. Cette humilité est au cœur de l'évolution. L'imperfection et l'erreur permettent un apprentissage permanent, un sentiment de progresser. Se pardonner à soi-même est le début d'une grande libération, même s'il reste des choses plus difficiles à accepter que d'autres. Le pardon à l'autre n'est possible que dans la mesure où on se pardonne à soi-même.

Quand on s'aperçoit qu'on a commis une erreur dans un domaine ou un autre, il est donc surtout important d'en tirer les leçons, de décider de changer son comportement à l'avenir, et de tenter une réparation du passé si c'est encore possible.

Il convient aussi de prendre conscience que je n'agis pas seul mais en interaction : personne n'est victime et je ne suis pas tout-puissant. L'autre qui est impliqué dans mon action a sa part de responsabilité, il a attiré à lui cette expérience : nous sommes co-responsables de l'événement. Par exemple : « Nous sommes tristes parce que tu te conduis mal », disent les parents. L'enfant est responsable de la tristesse de ses parents, mais en réalité les parents sont aussi responsables des sentiments que déclenchent les comportements de leur enfant.

La culpabilité est censée nous permettre de nous améliorer, mais elle a le défaut d'être beaucoup trop violente, traumatisante et dévalorisatrice. Il nous appartient de développer notre conscience pour agir de manière plus juste et nous débarrasser de ce mécanisme asservissant et archaïque.

La jalousie, la rancœur

« J'ai tout ce qu'il me faut, tout est à sa place à chaque moment » : cet état d'esprit, il m'appartient de le comprendre, et de le cultiver. Plus j'en prends conscience, plus je sais intimement qu'aucun bien matériel ne peut se substituer à ma disposition d'esprit. Mon plaisir dépend de la qualité de ma présence. Je ne peux plus envier mon voisin pour sa richesse ou sa réussite. Je ne peux plus en rester à cette idée que j'ai été non désiré, mal aimé dans mon enfance : je peux faire de ma blessure une perle, développer ma force de résilience, rebondir. Je suis à la source de tout ce qui m'arrive et de tout ce qui m'est arrivé. Mon passé m'appartient, il n'existe pas en lui-même ; je peux l'interpréter encore et encore.

Je ne suis pas victime, je ne suis pas bourreau. À chaque instant je suis co-créateur de ce qui m'arrive et il m'appartient d'en faire le meilleur. Rien n'est injuste ou inutile. Tout converge vers la conscience. Il n'est plus possible de se complaire dans les si : si j'étais plus riche, si j'avais plus de chance... Chaque situation prend sens pour créer de l'ouverture.

La violence

La violence intervient chez un être comme une manifestation désespérée de changer une situation de souffrance. Elle verse résolument dans le désordre et la destruction, elle fait mal à celui qui l'éprouve, elle génère des dégâts à l'extérieur. Elle est comme la dernière porte, le cri de désespoir de celui qui a perdu confiance en la conscience, qui ne connaît plus l'accès au Soi. Cette perte est souvent momentanée et la meilleure aide qu'on puisse apporter à quelqu'un qui en souffre consiste à se rebrancher soi-même sur son Soi, pour l'influencer par contagion. Mais attention, car la contagion joue souvent précisément dans la spirale de la violence comme une force gravitationnelle. Si l'on n'y prend pas garde, celui qui est violent déclenche la violence autour de lui.

Et sa propre violence, comment la réfréner ? La réponse est toujours la même : déclencher en soi l'observateur témoin, se remettre en ligne avec le Soi. Bien évidemment, quand on a justement perdu le contrôle de soi, l'exercice est difficile.

L'accès à des valeurs positives

Et si on pouvait transformer toutes ces émotions négatives ? Il ne s'agit pas de les refouler, mais d'apprendre à ne pas s'identifier totalement avec elles, à prendre du recul. Il nous faudra peut-être quelques instants, quelques heures ou quelques jours. Mais si on s'obstine et qu'on continue, aidé ou non par quelqu'un, à s'exercer au quotidien, on aura la surprise de progresser rapidement parce que le Soi répond quand on se préoccupe de lui et dispense un sentiment de joie et de bien-être.

Cette véritable rééducation émotionnelle est un des bienfaits les plus immédiats au moment où s'opère cette prise de conscience : Je suis le créateur de ma vie. Tant que notre mental est agité, mené par la peur, l'intervention sera répressive sur les émotions, ce qui est dommageable pour la personnalité et pour la santé. Mais si le mental est en contact avec le Soi, il nous aide à transformer les émotions en paix et sérénité.

En face d'une émotion négative, trois attitudes sont possibles :

– réprimer, nier, contrôler : en surface, tout est tranquille mais en profondeur, ça bouillonne ; le prix de cette attitude peut être très élevé, et générer des maladies mentales ou physiques ;

– laisser s'exprimer son émotion : cette deuxième solution paraît préférable mais elle n'est libératrice qu'en apparence ; on s'identifie à son émotion, les systèmes de pensée qui la sous-tendent en sortent renforcés ;

– adopter une attitude d'accueil, de bienveillance tout en prenant intérieurement de la distance pour regarder, nommer, ressentir pleinement son émotion : le fait de cesser de s'identifier quelques instants à une émotion ressentie constitue déjà un premier pas important.

Prenons un exemple. Si, chaque fois que son compagnon regarde une autre femme, Béatrice se sent envahie par la jalousie, elle peut soit serrer les dents et s'efforcer de n'en rien laisser paraître, soit donner libre cours à un accès de fureur. Dans les deux cas, elle vivra quelque chose de destructeur. En revanche, si elle accepte de ressentir tout ce que contient sa jalousie, puis si, avec peut-être au début l'aide d'un professionnel, elle s'efforce de découvrir les pensées qui la pilotent, elle aura l'heureuse surprise de la voir s'atténuer et peut-être disparaître quand les mêmes circonstances se présenteront. Qu'aura-t-elle découvert ? Probablement, que sa jalousie est liée à son manque de confiance en elle, à ses jugements négatifs sur elle-même, à sa manière de se comparer, à la faible appréciation que son propre masculin intérieur a de son féminin. Elle projette son état d'esprit sur son compagnon. Pour ne plus être envahie par la jalousie, elle a besoin de s'ouvrir à un autre regard sur elle-même : J'ai de la valeur, je le ressens, et elle ne dépend pas de la manière dont mon compagnon se comporte avec moi. Son énergie se trouve canalisée vers une nouvelle voie. Un terme emprunté au tantrisme est particulièrement éclairant à cet égard : il s'agit de chevaucher son émotion tout comme on chevauche le tigre de l'énergie sexuelle.

C'est par un double travail à la fois énergétique et mental qu'on accède à cette transformation des émotions.

Le pouvoir de créer

Il est latent chez tout individu et il se développe considérablement quand il devient conscient. Plus je suis persuadé que je suis le créateur de mon univers, et plus j'attire des événements qui tendent à me donner raison. Et plus ces événements se produisent, plus j'ai confiance dans mon pouvoir créateur : voici un cercle qui tourne dans le bon sens...

La difficulté est d'enclencher le mouvement : ce peut être le rôle d'un stage capable de fournir les réserves d'énergie nécessaires. Parfois, d'ailleurs, on se plaint de l'effet stage. Pendant quelques jours ou quelques mois, on se sent des ailes et tout vous réussit. Et puis peu à peu, comme un ballon qui se dégonfle, on retombe dans la dépréciation de soi. Il ne faut pas s'en étonner : cela fait partie du processus d'évolution. Une petite « piqûre de rappel » par une séance individuelle, un autre stage, la lecture d'un bon livre ou la contagion positive d'un ami vous relancent dans le bon sens. Une transformation, à l'instar d'une guérison, a besoin des phases de consolidation, de convalescence et de soutien. Et n'oublions pas que nous sommes immergés dans un monde dévorant, qui tend à nous décentrer.

C'est ainsi que certaines personnes repartent avec un changement décisif. D'autres enregistrent une période très faste pendant quelques mois et retombent dans leurs anciens schémas quelques mois plus tard. Un nouveau stage constitue comme une piqûre de rappel qui les remet en selle. Plus une personne a des résistances mentales et des contrôles, plus sa transformation subit des allers et retours.

Une fois que notre pouvoir personnel s'est manifesté, il est ancré en nous. Il alimente une confiance et une détente qui lui permettront aussi de favoriser le pouvoir de l'autre. Il ne s'agit plus alors de vivre une guerre d'énergie : chacun s'imprègne de la conviction que l'énergie se partage, qu'elle est même inépuisable et que seule la relation gagnant-gagnant permet des relations saines et harmonieuses. Le jeu de la victime est de faire perdre l'autre pour récupérer du pouvoir ; alors que le créateur sait qu'il y en a assez pour deux.

Le lâcher-prise

La plupart de nos souffrances viennent de ce que nous résistons à ce qui se présente. Même un événement malheureux, un incendie, une perte d'argent, une maladie sont une occasion de se positionner en créateur plutôt qu'en victime. La victime se plaint, souffre, se rend malade et malheureuse ; dans cet état, elle attire à elle d'autres mésaventures et les choses empirent. Le créateur se met en face de sa souffrance et, au lieu de gaspiller son énergie à se plaindre, il l'utilise pour trouver des solutions et tirer le meilleur parti de la situation. Il cultive l'art du changement, de la fluidité extérieure et de la force intérieure.

L'acceptation de « ce qui est » représente paradoxalement la clef centrale du changement. Elle n'est pas à confondre avec la soumission qui accumule potentiellement la révolte et la guerre. Elle rend disponible l'énergie de l'action. Elle permet la mutation.

Une telle proposition est facile à énoncer intellectuellement, un peu plus difficile à incarner au quotidien. Mais au début, elle doit se mettre en pratique de manière volontaire et constante : j'accepte, je lâche prise, je mets en activité mes facultés créatrices. Et peu à peu cela devient plus facile.

La dédramatisation

L'exagération des difficultés est une manière indirecte d'attirer à nous l'énergie de l'autre, il s'agit encore d'un comportement de victime. Souvent l'autre réagit en apportant un peu d'apaisement, en relativisant les choses, ce qui ne fait qu'exaspérer un peu plus celui qui tente sa manœuvre de victimisation et qui à juste titre ne se sent ni écouté ni compris. Quand on veut aider quelqu'un qui dramatise, il faut d'abord lui ouvrir sa compassion sans jugement, tomber en quelque sorte dans son piège, et seulement un peu plus tard lui proposer une vision un peu plus optimiste des choses.

Mais il nous appartient d'abord de nous aider nous-même. Chaque fois que nous avons cette tendance à en rajouter, à gonfler les faits et à nous laisser submerger par des émotions négatives, de ressentiment ou de colère, nous devenons polluants pour les autres. À nous donc de prévoir des signaux d'alarme pour arrêter cette escalade qui n'est favorable à personne.

L'humour est une bonne méthode de dédramatisation. Il implique une mise à distance et apporte une certaine légèreté : rien n'est plus si sérieux, si grave. Nous pouvons nous moquer de nous-mêmes et parfois tendrement des autres. L'humour n'a pas le mordant de l'ironie, il est un art de la pesée juste.

La tendresse pour la vie

L'émerveillement et la gratitude sont au cœur du Soi et nourrissent douceur et tendresse. La victime n'en a jamais assez, tout lui est dû, elle fait sans cesse ses comptes et souffre de ce qu'on lui prend. Le créateur s'ouvre à la joie de vivre, à la reconnaissance devant la beauté et la bonté, il apprécie ce qu'il reçoit des autres et de l'univers.

Cette capacité de jouir de l'instant présent est aussi présence à l'autre. Car c'est une réserve de joie qui permet de s'ouvrir à la compassion, sans tomber dans la détresse de l'autre, de lui tendre la main sans soi-même se laisser attirer au fond du puits. Nous développons notre sens de la fraternité et une forme d'amour inconditionnel. Nous regardons ceux que nous croisons comme des êtres en évolution, nous comprenons et nous soutenons leurs passages difficiles. Même quand ils montrent le pire, nous continuons de les suspecter du meilleur.

L'autonomie

Accepter de prendre la responsabilité de sa vie engage aussi dans un processus de solitude assumée. La réalité que je perçois est la mienne, j'accepte mes limites, j'accepte de me tromper, et je n'ai pas besoin de l'approbation des autres : je construis ma loi, je suis à moi-même mon père et ma mère intérieurs. Personne n'a la responsabilité de jouer le jeu de la vie à ma place. C'est à moi-même que je demande les choix à prendre, les comportements justes. Je développe mon discernement et je filtre les connaissances et les informations pour les adopter ou les rejeter.

Cette autonomie n'est pas à confondre avec l'attitude de rejet, de révolte qui est encore celle de la victime. En effet le révolté résiste à ce qui lui paraît relever d'un pouvoir, mais il résiste dans le même mouvement à tout apprentissage pour se donner l'illusion de l'autonomie. C'est un obstacle au désir d'apprendre, alors qu'une personne autonome commence à développer de l'humilité et au contraire multiplie sa capacité d'apprentissage.

L'humilité

Elle est l'eau de l'âme et l'épanouissement de la belle fleur du cœur. Elle est si discrète qu'on ne peut en parler longtemps.

Des relations harmonieuses dans le couple

Quand on commence à accepter les autres tels qu'ils sont, quand on desserre l'emprise des jugements, une grande détente se produit au niveau du centre cardiaque. On renonce à blâmer l'autre, à le critiquer, on expérimente la dimension d'un amour moins conditionnel. En cessant de considérer que si la relation ne fonctionne pas c'est la faute de l'autre, en cessant de tirer la couverture à soi – l'autre a tort et j'ai raison –, ou au contraire de se conduire de manière masochiste – l'autre a raison et j'ai tort –, on ouvre d'autres possibilités.

La plupart des relations de couple fonctionnent sur des attentes frustrées issues de projections parentales. Attirés l'un par l'autre, les deux partenaires n'en sont pas pour autant lucides sur l'héritage de blessures, de complexes non résolus qu'ils amènent dans la corbeille de mariage. Après la période d'euphorie du fusionnel amoureux, chacun commence à mettre au jour et en jeu ses blocages, ses immaturités, souvent au détriment de l'autre. Le conflit s'enclenche sur du blessé-blessant, les partenaires parfois se quittent et trop souvent vont rejouer le même scénario avec un autre conjoint.

Comment sortir de cet engrenage ? En communiquant clairement sur ses besoins et en en prenant la responsabilité. Ce qui suppose un minimum de connaissance de soi. Deux « je » aveugles ne peuvent pas s'éclairer mutuellement. Deux « je » éclairés apprennent à s'occuper d'eux-mêmes, à se remettre en question et peuvent enfin nourrir la relation.

Sept points clefs sont tout d'abord à éclaircir au prix d'interrogations personnelles :

– le choix amoureux : pourquoi lui/elle ? qu'est-ce qui me plaît, me déplaît chez lui/elle ? qu'est-ce qui me ressemble ? qu'est-ce qui est complémentaire de moi ?

– le fusionnel : quelle blessure par rapport à la mère ? quelle blessure par rapport au père ? quelle attente vis-à-vis du/de la partenaire ?

– le dominant-dominé : quels ont été mes rapports de force avec ma mère, avec mon père ? quels comportements de résistance ai-je mis en place ? à quoi est-ce que je peux m'attendre de la part de l'autre ?

– le conflictuel : quelle part de révolte, quel besoin de reconnaissance est-ce que je porte ? qu'est-ce qui m'agace chez lui/elle ? dans quelle mesure est-ce que je peux reconnaître là ce qui m'agace chez moi ?

– le masculin et le féminin : qu'est-ce que mon masculin ? qu'est-ce que mon féminin ? comment fonctionnent ces deux parties en moi ? est-ce que mon complémentaire intérieur ressemble à mon partenaire ?

– la dépendance/l'indépendance : est-ce que je me sens dévoré ? est-ce que je suis capable de servir le nous en restant fidèle à moi-même ? comment est-ce que j'envisage la répartition des territoires dans la maison ?

– la sexualité : est-ce que je suis satisfait(e) ? est-ce que j'éprouve des manques ? est-ce que j'ai des demandes informulées ?

Si on est capables l'un et l'autre d'apporter l'éclairage de la conscience sur ces sept points, les relations de couple s'engageront de manière adulte, dans le respect de soi et de l'autre. Trop souvent le pouvoir de choisir qui nous habite nous fait peur, il est comme un vertige de liberté. Nous préférons cultiver un infantilisme qui nous laisse le droit de nous plaindre et de retourner dans la victime. Soyons patients avec nous-même, nous n'éviterons ni les régressions ni les confrontations avec nos impuissances, mais nous pouvons malgré tout avancer vers plus d'acceptation de soi et de l'autre, plus d'amour inconditionnel et plus d'échanges cœur à cœur. On le sait de plus en plus : un couple est un véritable laboratoire d'évolution.

Des relations harmonieuses avec ses enfants

Les relations avec les enfants ont beaucoup à gagner à la mise en application d'une relation de respect mutuel. L'état d'esprit est primordial : est-ce que je considère mon enfant comme une personne en contact avec son Soi et connaissant les réponses qui le concernent ? est-ce que je fais appel à sa sagesse ou est-ce que je lui impose mon autorité de l'extérieur ?

Le parent n'est pas tout-puissant, il n'a pas tous les droits, il n'a pas tous les torts, et il n'est pas responsable de tout ce qui se passe pour son enfant, encore moins lorsque celui-ci est adulte. Chaque parent peut tenter d'offrir le meilleur de lui-même. Il appartient à l'enfant de choisir de le prendre ou non.

Des relations harmonieuses au travail

Lorsqu'on cesse, dans son milieu professionnel, de se plaindre, de critiquer, de blâmer l'autre, de se camper en position de rivalité, les relations changent du tout au tout. Quand les chefs d'entreprise prendront conscience de l'incroyable potentiel d'énergie et de créativité qui reste bloqué dans ces comportements de victime et de dominant-dominé, ils investiront dans la transformation personnelle.

La sérénité et la joie de vivre

Quand je suis centré, je sais. J'ai tout ce qu'il faut pour faire face à quoi que ce soit qui se présente. Il y a un état de mon être qui peut me donner la réponse juste.

Comment me centrer ? En respirant sexe, cœur, tête. Plusieurs fois dans la journée, nous pouvons repartir dans la tension et l'inquiétude. Plusieurs fois, il nous suffit de respirer sur cette sensation : nous nous élargissons, nous contactons cet amour dont nous sommes porteurs et dont nous sommes les premiers à bénéficier. Plus nous comprenons que ce sont nos états d'esprit qui génèrent nos malheurs, plus nous apprenons à les redimensionner au lieu de nous identifier à eux. Nous nous en libérons et cette sensation de liberté devient prioritaire dans notre vie. Nous nous organisons pour ne plus nous en éloigner. Nos choix de vie deviennent plus sages. Notre créativité moins prisonnière des affects négatifs. Notre agilité mentale se développe.

L'empathie, une communication privilégiée

Se mettre à la place de l'autre constitue, avec l'attention aux croyances, la pratique du ressenti, l'amour de soi, le contrôle des émotions négatives, le cinquième pilier du grand retournement d'une conscience éclairée.

L'empathie est un mode de connaissance intuitive d'autrui qui repose sur la capacité de se mettre à la place de l'autre. C'est une qualité qu'on peut développer et, une fois qu'on l'a apprise, on la retrouve toujours. Elle est faite d'écoute, mais elle ne fait appel exclusivement ni à l'audition ni aux qualités intellectuelles. Elle est présence à l'autre, don de soi sans intention. Elle permet d'entrer dans une compréhension globale : j'ouvre un espace dans lequel je n'existe que pour toi, il y a comme une bulle autour de nous, et cette bulle nous régénère tous deux.

Une approche non directive

Lorsque quelqu'un nous confie ses difficultés, le premier réflexe consiste à tenter de meubler le plus vite possible cet espace qu'il a creusé : « Ce n'est rien, ça va s'arranger. Moi aussi, ça m'est arrivé. Tu n'as aucun reproche à te faire. Sois courageux(se). » Mais toutes ces expressions qui se veulent aidantes laissent un goût amer à celui qui les entend.

Être présent, ce n'est ni conseiller, ni chercher des solutions, ni minimiser la plainte de l'autre.

C'est apporter de la considération, de l'attention, de l'espace de conscience disponible. Certains le font sans y penser, sans le savoir. D'autres le pratiquent consciemment et font de ce comportement comme une seconde nature à partir du moment où ils l'ont découvert.

L'empathie est comme un fusionnel de deuxième naissance, une sagesse en action.

Carl Rogers a défini le principe de l'approche non directive centrée sur la personne, qui inclut l'attitude empathique. Tout se passe comme si on déplaçait son centre de gravité et, pendant le temps de la rencontre, on en créait un nouveau pour un cercle qui engloberait soi et l'autre. En même temps, on reste en contact avec soi-même, attentif à son propre cercle, et on se place dans le sans-jugement, dans une acceptation inconditionnelle de l'autre tel qu'il est.

Nous retrouvons des mots très importants : accepter,

sans jugement, inconditionnel, centré qui viennent s'emboîter pour créer l'empathie.

L'acceptation de sa vulnérabilité

Quand une personne entre en contact avec une autre avec l'intention de lui apporter de l'aide, elle ne se présente pas comme un individu qui connaît la réponse à toutes les questions. Elle se rend momentanément disponible à l'autre, elle lui délègue son énergie, elle entre dans un espace personnel-impersonnel, on pourrait dire que sa sainteté se manifeste.

L'empathie est à la portée de tous. Rappelons-nous la roue de la transformation et ses sept archétypes : l'éveil à l'énergie et à la sagesse est sans cesse présent comme une possibilité. Même si le matin j'ai engagé un conflit avec mon partenaire, deux heures plus tard, mon état intérieur peut être différent. Il n'est pas nécessaire d'avoir réglé sa violence, sa domination, sa soumission et son fusionnel. Il suffit d'avoir une certaine conscience du travail à faire, d'avoir foi en soi, de se respecter et de respecter l'autre, de ne pas chercher à se substituer à lui mais à lui dégager des ressources pour qu'il trouve ses propres réponses. Plus la connaissance de soi se développe, plus c'est facile : quand l'être nettoie sa vitre, sa manière de voir le monde devient transparente. Mais la moindre buée peut compromettre cette transparence et, sachant que l'émotionnel ne manque pas d'introduire des changements de température, nul ne peut prétendre s'en garantir totalement. L'humilité d'accepter cette vulnérabilité est le meilleur garant des qualités d'authenticité et d'empathie.

L'acceptation de l'autre

L'empathie et l'attitude non directive ne cherchent donc ni à prouver, ni à manipuler, ni à dominer. Simplement, mon inconscient parle avec ton inconscient, il collabore avec lui. Ou plutôt mon Soi collabore avec ton Soi. Nos deux centres rebondissent l'un vers l'autre pour plus d'amour et de créativité.

Sur un plan rationnel, il n'est pas humainement possible d'adopter une attitude d'acceptation inconditionnelle de l'autre. Elle semble plus un idéal à viser qu'une réalité. Tout être est en cheminement vers la perfection, ce qui l'amène à rencontrer en lui des zones de résistance et de rejet de l'autre. Mais, fugitivement atteint, cet état inconditionnel nous amène précisément à un niveau de conscience différent de celui que nous incarnons au quotidien : il ressemble à l'état fusionnel amoureux, comme lui, il fait du bien à la personne sur tous les plans.

Et il est contagieux. En séminaire, il se diffuse très rapidement si l'intervenant a lui-même accès à cette dimension : son attitude aimante, sécurisante, valorisante met les autres en état de réceptivité. La relation d'amour est alors comme une grâce palpable qui monte chaque jour un peu plus, et la difficulté, quand on a goûté à cette enveloppe régénérante, c'est précisément de retrouver ensuite le quotidien tel qu'il est.

Au cœur de ce bain d'amour, il devient clair que chacun transporte ses réponses et que l'obstacle à la réalisation ne se trouve pas à l'extérieur mais à l'intérieur de nous. L'empathie grandit au fur et à mesure qu'on accepte la responsabilité de soi : s'accepter et s'aimer soi-même sans jugement permet de retrouver des forces créatives qui sommeillaient, refoulées par la peur des critiques et de l'échec.

Apprendre l'empathie

L'école pour développer l'empathie ne consiste donc pas à vouloir se changer, ou plutôt changer consiste à d'abord s'accepter tel qu'on est, s'aimer tel qu'on est, découvrir son essence. Que ce soit dans le fusionnel, la domination, le conflit ou la bonne volonté éclairée, nous avons un profil qu'il est important de connaître en toute humilité. Se libérer du jugement qu'on porte sur soi-même et de sa culpabilité permet ensuite d'accepter les autres.

L'intuition du geste juste et créateur surgit chez un être qui réunit paradoxalement le lâcher-prise et la discipline. Le lâcher-prise permet le surgissement créatif dans une situation limite qui paraît sans réponse et sans solution. La discipline est l'axe de solidité qui nourrit la sécurité intérieure, le passage à l'action, la réalisation des potentialités créatrices.

À partir du moment où quelqu'un a commencé à développer son empathie, il s'aperçoit qu'elle est le fondement de toute communication. Notamment dans le conflit. Comment en effet sortir du conflit sans prendre conscience que l'attaque de l'autre est motivée par un état de saturation intérieure, de frustration ? S'il n'y a pas un moment où nous parvenons à ressentir la blessure de l'autre nous ne nous échapperons pas de cet enfer du blessé-blessant.

Masculin féminin, couple extérieur, couple intérieur

Comment faire évoluer mon masculin et mon féminin vers une cohabitation, une co-création, un mariage intérieur ? Comment la rencontre de l'homme et de la femme peut-elle devenir une co-création amoureuse et lumineuse ?

La roue de la transformation

Sur la roue de la transformation, le premier rayon nous parle du pouvoir au féminin et de l'enveloppement vécu par le masculin. Le règne de la Mère enveloppe l'homme, le fils et la fille. La dynamique d'extraction procède du besoin d'individuation mais aussi de la conquête du pouvoir personnel. Exister pour soi et non à travers l'autre.

Au second rayon, l'avènement du pouvoir au masculin, de l'affirmation du père et du patriarche, s'accompagne d'un engloutissement de la femme et du féminin. L'homme et la femme bâtissent dans cette structure la famille, mais hypothèquent leur épanouissement en tant

LA ROUE DE LA TRANSFORMATION

Masculin-féminin

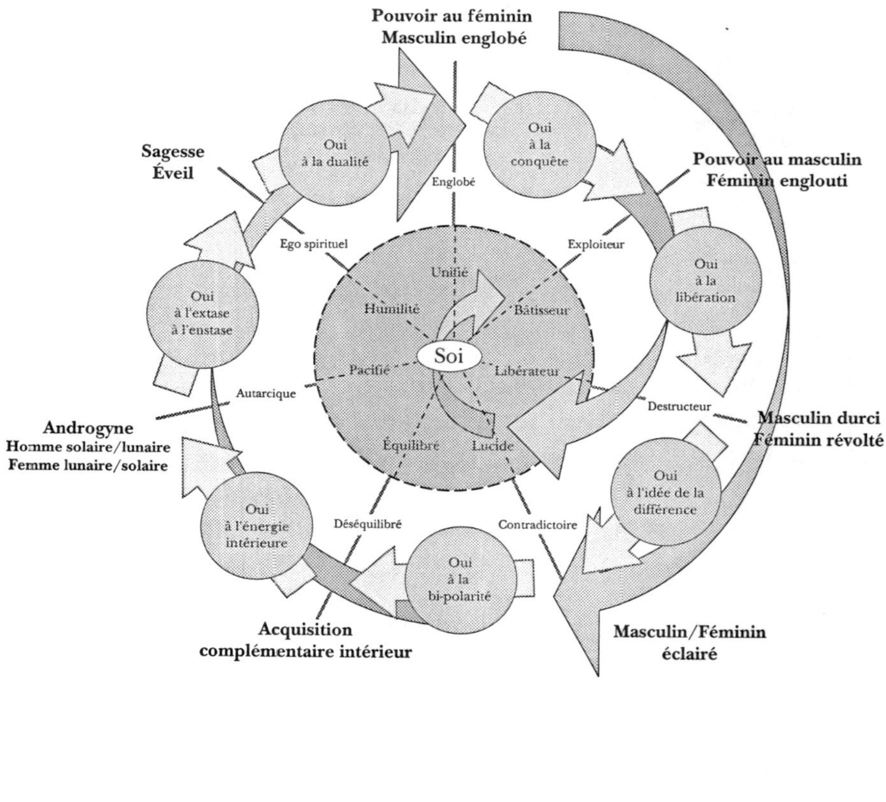

qu'êtres et l'attachement qui les unit par une relation d'exploitation.

La révolte des femmes, d'abord larvée puis ouverte, intervient au troisième rayon. Le masculin se durcit jusqu'à la tyrannie et résiste à ce changement, le féminin passe de la joie de la libération au vertige de la destruction.

Au quatrième stade les hommes éclairés disent qu'ils souhaitent que les femmes se libèrent mais dans le privé ils ont encore des difficultés à incarner une relation d'alter ego. L'égalité et la différence cherchent leurs marques.

Au cinquième rayon la dynamique du changement de conscience a permis de comprendre qu'il n'était pas souhaitable de couper le monde en deux, mais que chacun devait disposer de manière équilibrée de deux polarités. Un nouvel homme, une nouvelle femme se cherchent avec toutes les incertitudes d'une naissance.

Le besoin d'énergie intérieure se révèle, se fortifie et donne naissance, au sixième rayon, à un androgyne solaire-lunaire pour l'homme, lunaire-solaire pour la femme. La relation sexuelle a changé, elle est devenue plus vibratoire, plus proche à la fois du corps et de l'âme. Chacun néanmoins peut être tenté de s'isoler dans cette paix si chèrement acquise.

Au septième rayon, la sensation de l'extase guide un homme et une femme qui privilégient désormais une vie de l'âme et de l'esprit. Ces serviteurs de l'unité n'hésitent pourtant pas à accepter à nouveau le jeu de la dualité pour ne pas s'enfermer orgueilleusement dans le désincarné. Au septième rayon, la rencontre est lumineuse.

La fin de la guerre des sexes

Derrière la différence entre la femme et l'homme se trouvent les arcanes d'un mystère dont nous sommes les héritiers.

Chacun transporte une histoire un peu tendue entre le masculin et le féminin mais aussi l'espoir de vivre une relation d'amour, malgré des difficultés, des expériences qui ont pu être douloureuses et le sentiment d'être aveugle dans ce territoire de l'amour. Même si nous vivons un moment particulier de l'histoire où les transformations s'accélèrent, y compris au niveau du couple, nous sommes les héritiers de comportements du passé et tributaires d'une guerre des sexes qui dure depuis des millénaires. Comment en sortir ?

La planète n'a jamais réussi à faire la paix, les guerres et les guérillas sévissent encore un peu partout. L'humanité ne sait pas vivre en paix et nous soupçonnons que l'antagonisme entre l'homme et la femme manipule souterrainement l'avidité et l'esprit de lucre. Si nous parvenions à résoudre davantage cette problématique du masculin et du féminin en chacun d'entre nous et hors de nous, peut-être serait-il possible de déposer les armes. Ce rapprochement peut ne pas paraître évident et pourtant le lien existe.

Aujourd'hui, l'existence m'apparaît comme une sorte de grand théâtre où la conscience expérimente. Si je joue consciemment, si je suis attentive, les choses me sont clairement révélées, et j'ai l'impression que l'intégration de ces connaissances me permet d'approcher plus près de la réconciliation des sexes, plus près de l'autre, de vivre l'amour plus intensément, plus finement, plus subtilement, plus harmonieusement. Je pense que l'amour existe, qu'il faut le dire et le croire à une époque ou nous entendons que quatre mariages sur cinq se terminent par un divorce après trois ans.

Je vous propose, pour mieux comprendre notre histoire ensemble, de suivre l'évolution de l'homme et de la femme sur la roue de la transformation. La difficulté en suivant ce schéma viendra du fait que nous devons quitter une pensée linéaire et manichéenne, entre bien et mal, pour entrer dans une autre dimension, dans l'intégration de la mutation. Comme nous l'avons déjà vu, il ne s'agit pas d'avancer du premier au septième stade et, une fois là, de se dire qu'on est arrivé. Ce n'est pas comme cela que les choses se passent. Nous sommes sur une spirale, et quand j'arrive au rayon sept, je peux repasser sur le un et tourner ainsi toute ma vie en me rapprochant du centre. À chaque tour, je parcours les sept rayons de plus en plus aisément, de plus en plus près de ma conscience, de mon Soi et ainsi je parviens à transformer mes émotions négatives et destructrices en émotions positives.

Une femme puissante et inconsciente, un homme enfermé et fasciné

Le premier stade, le plus archaïque, correspond pour chacun de nous à la période dans le ventre de la mère. C'est là que se produit l'expérience la plus initiatique, la plus forte qu'on puisse faire. Ce contact avec le ventre est un contact fusionnel, en ce sens que l'enfant à venir n'est pas différencié de la mère, qu'il ne fait qu'un avec elle. Cette expérience marque à tout jamais son psychisme. C'est vrai pour l'homme et pour la femme, mais il y a des nuances.

Pour l'homme, cette fusion se fait avec une personne qui n'est pas du même sexe que lui ; de cette relation fusionnelle, il lui reste comme une fascination pour la femme, un désir régressif, qui dure toute sa vie et induit l'aspiration à se retrouver dans un endroit clos, plein de sécurité, de douceur, d'amour, un lieu paradisiaque. Toute sa vie, il reste le fils, il recherche auprès de la femme une relation de chaleur, de protection, et se trouve par là même absorbé, avalé par ce qu'elle est. Il y a quelque chose à la fois de merveilleux et de menaçant : je suis à tout jamais le fils de la mère, et je suis menacé par cette fascination envers la femme, par ce besoin que j'ai d'elle, par la promesse qu'elle contient et, si je ne veux pas subir sa toute-puissance, être englobé, si je ne veux pas vivre dans son rayonnement, son aura, il faut que je m'éloigne, que je coupe ce lien et que j'assume ma différence. Ce jeu de la différence est fondamental dans la manière dont l'homme et la femme vont nouer leur relation.

Pour la fille, la toute-puissance englobante de la mère existe aussi : elle devra renoncer à cette fusion, mais pas de la même façon. La petite fille s'identifie à la mère, puis elle se différencie, mais toutes deux restent des femmes.

Il n'est pas sans intérêt de se rendre compte que pendant des millénaires, à l'époque de la préhistoire, la femme n'existait pas. La fille passait directement au statut de mère, définie par son ventre capable de reproduction. Cette capacité faisait d'elle une déesse, un être mystérieux et tout-puissant puisque capable de perpétuer l'espèce. C'est ainsi que la représentent les statuettes primitives que l'on a retrouvées et qui symbolisent la fécondité. Là se situe une racine très puissante, trop puissante. Pour représenter la relation primitive entre l'homme et la femme, on pourrait dessiner le cercle de la mère représentant la vie, et l'homme tournant autour de ce cercle, de ce ventre comme si le sens de la vie ne tenait qu'à la reproduction.

C'est ainsi que quel que soit leur âge, un homme et une femme restent attachés à leur mère par un cordon ombilical psychique.

Un homme dominant au féminin refoulé, une femme soumise et engloutie au masculin refoulé

Le deuxième stade correspond à un changement radical. Après ce règne de la Déesse-Mère sur notre psyché, la situation dans notre histoire s'est inversée. Nous sommes entrés dans le règne du père et l'homme a pris le pouvoir. Durant quelques millénaires, la femme avait eu un pouvoir à la fois théologique, spirituel, et même social ; cependant, il n'avait jamais existé de pouvoir politique féminin. Les prêtresses nommaient les rois, mais ce n'étaient pas elles qui gouvernaient véritablement.

Au moment où les hommes arment leurs bras et asservissent les femmes, où la société devient patriarcale, apparaissent le couple et la famille. Jusque-là, il existait des cercles ou des clans de femmes dans lesquels celles-ci s'adonnaient à des rites de fécondité en s'accouplant avec un homme librement ; les enfants issus de ces rites y étaient élevés ensemble jusqu'à ce que les petits garçons passent dans le clan des hommes ; les enfants ne portaient pas le nom du père mais le nom de la mère. Ces clans ne constituaient pas véritablement une famille. Celle-ci est née au moment où un homme a pu dire à une femme : « Tu es ma femme, ma propriété, tu restes avec moi et sexuellement tu m'es fidèle. »

Le couple est donc apparu de façon coercitive. Les femmes n'étaient pas d'accord pour appartenir à un seul homme. Elles ont donc lutté pour rester libres dans leurs relations avec les hommes et ce n'est que vers 700 ou 800 après Jésus-Christ qu'elles ont totalement abandonné le culte de la Déesse-Mère, les lieux de culte ayant été détruits par la force. Autant dire que le couple s'est fondé sur une poudrière, car la femme a renoncé à sa liberté sexuelle pour que l'homme puisse être un père, pour qu'il puisse donner son nom à ses enfants. C'est lourd de conséquences dans le royaume de l'amour car celui-ci ne peut rester vivant qu'entre deux personnes libres. L'amour est un choix toujours renouvelé, il ne peut être une prison.

Dans une structure sociale patriarcale, l'homme est devenu dominant et le couple s'est développé mais au prix de l'enfermement de la femme. La question n'est pas de savoir s'il est juste ou non qu'une femme soit sexuellement fidèle à un homme, mais en tout cas il faut qu'elle y consente librement. Or, sur notre planète, combien y a-t-il encore de femmes enfermées, voilées, maintenues dans des situations de soumission ?

Cette relation dominée-dominant est un obstacle à l'amour, il ne faut pas se le dissimuler. Or notre société est encore aujourd'hui construite sur cette relation, sur la hiérarchie, sur la notion de chef, tout cela au milieu d'une évolution comme nous n'en avons jamais connu. La montée de l'individualisme s'opère sous nos yeux avec ses plus et ses moins, nous entrons dans la conscience de soi, et en même temps nous restons les héritiers d'une tradition que nous avons aussi vécue à travers l'éducation, en enfant dominé face à des parents dominants – pour notre bien certes –, et que nous reproduisons face à l'être aimé en tentant de prendre le pouvoir ou en nous laissant soumettre. La position de dominant n'est pas négative, elle peut être très utile dans certaines situations, mais dans la relation homme-femme, elle introduit un jeu pervers.

Pendant des siècles de domination masculine, la femme a été traitée comme une enfant : pas le droit d'avoir un compte en banque ou de gérer des biens, d'exercer un métier, de sortir comme elle le désirerait, de s'exprimer, seulement le devoir d'être présente, d'être servante. Pensez au sens profond d'une théologie dans laquelle Ève est une créature coupable qui a entraîné la chute de toute l'humanité et imaginez comment l'inconscient des femmes en a été marqué : « Je suis une créature coupable et pour racheter ma faute originelle il faut que je sois une bonne servante pour mon mari, mes enfants. »

Cet héritage est profondément aliénant pour la femme mais aussi pour l'homme car il n'a pas acquis que des privilèges dans sa position de dominant. Pour sortir de sa fascination à la mère, pour être lui-même, il a armé son bras, il s'est accaparé une identité de guerrier : la femme avait le pouvoir de donner la vie, il a pris celui de donner la mort. Il s'est cantonné dans ce rôle guerrier, et pour ce faire, il a fallu qu'il tue la femme qui est en lui ! Depuis des millénaires, il s'est efforcé de ne pas pleurer, de refouler sa sensibilité, sa façon d'aimer, sa vulnérabilité, son envie de se réfugier parfois dans le ventre de la femme. Et à force de refouler ces sentiments, il ne peut même plus les éprouver. Comme si, pour exister, il avait eu à tel point besoin de s'éloigner de la femme qu'il a été jusqu'à s'identifier à son armure. La grande difficulté des hommes aujourd'hui est dans ce refoulement du féminin de leur être : c'est une infirmité majeure. Les hommes sont devenus dominants au prix de leur âme.

La deuxième étape est le lieu de la roue où la différence homme-femme est la plus profonde, archaïque, abyssale. Ces deux personnes vivent dans des univers très différents, et de temps en temps se rejoignent dans l'éclat de la passion ou de la sensualité, de manière fragile et fugace. Quand on fait l'amour, c'est par attraction des différences : la femme est le repos du guerrier. Nous avons beaucoup de chances aujourd'hui parce que nos univers se côtoient, nous pouvons faire beaucoup de choses ensemble : sports, conférences, spectacles... Mais ne nous croyons pas débarrassés de nos identités d'hier. Je le vois dans mes séminaires : la femme est toujours cantonnée en majorité dans l'incarnation de la douceur et dans son infériorité, avec un aspect positif cependant : c'est elle qui tente de tenir le flambeau de la relation intime, c'est elle qui, pendant des siècles, a activé le feu de l'amour. Pendant des siècles une semi-prisonnière a aimé son geôlier et aujourd'hui les rôles commencent à basculer et se transformer.

Car, malgré tout, entre cette femme et cet homme qui vivent le couple dans la coercition – parfois, dans certains pays, sans même se choisir l'un l'autre –, il se constitue quelque chose de magnifique, il naît des sentiments qui permettent l'épanouissement de la dimension d'amour.

Le tyran et le/la révolté(e), le bourreau et la victime

La guerre des sexes s'exacerbe encore dans le conflit. Aujourd'hui le thème de la différence des genres masculin et féminin est à la mode mais souvent de manière régressive. On décrit deux territoires bien séparés, deux compréhensions du monde. Dans cette perspective, le seul progrès possible consiste à définir les rôles et les comportements, et à adopter les stratégies de manipulation qui permettent de ne pas se heurter. Une telle conception ne tient pas compte de l'évolution en cours.

Certains hommes aujourd'hui sont des fils de la mère plus que des fils du père. Et il y a désormais au moins deux sortes d'hommes : ceux qui gardent une structure patriarcale, guerrière et dominante et ceux qui sont en quête d'un nouveau masculin, qui s'ouvrent à leur féminin. Celui-ci peut même devenir trop envahissant et les empêcher d'incarner le masculin dont ils ont besoin.

De manière symétrique, certaines femmes restent dans des comportements de soumission, mais d'autres sont en pleine émergence et affirmation d'elles-mêmes. Ce n'est pas plus facile et, entre les deux, il y a celles qui décident d'arrêter leur relation avec un homme parce qu'elles n'arrivent pas à faire leurs études, à peindre quand elles sont avec lui : elles se déportent de leur centre, elles se penchent vers lui pour faire son bonheur parce qu'elles ont hérité d'un réflexe millénaire qui se reproduit à leur insu. S'arracher à cette inscription, à ce handicap, n'est ni simple ni facile. Le modèle de l'éternelle deuxième qu'était l'épouse d'autrefois est encore très prégnant.

Quand vient l'étape du conflit, de la guerre d'amour, du divorce, l'homme et la femme sont des tyrans l'un pour l'autre. Aujourd'hui, il arrive que ce soit la femme qui tyrannise l'homme, mais traditionnellement l'homme tyrannise la femme qui se révolte. Quand un homme est en face d'une femme révoltée, il devient plus tyrannique, la tension monte, le conflit s'exacerbe, et la femme menace de partir.

Parmi les hommes qui viennent en séminaire, qui s'interrogent sur eux-mêmes, beaucoup souffrent du départ de leur femme ou de sa révolte. Ils voudraient bien comprendre, et surtout trouver les armes pour qu'elle reste ou qu'elle revienne, qu'elle soit comme avant. Mais les questions qu'ils se posent les amènent à découvrir d'autres aspects d'eux-mêmes et à entamer une évolution qui est une révolution dans leur histoire.

Ils découvrent que leur adversaire n'est pas celle qu'ils croient. L'homme en lutte contre sa femme affronte une partie de lui, son féminin qu'il projette sur elle – de même que la femme combat aussi ce masculin qui est en elle, parfois un guerrier impuissant, pas assez créatif, qu'elle projette sur son compagnon. Le conflit met en scène deux projections illusoires mais enclenche le huit destructeur du blessant-blessé.

L'homme éclairé et la femme éclairée

Au quatrième stade, nous mettons notre intelligence comme une lampe au service de la compréhension de nos difficultés. Nous avons vu que nous étions handicapés par le fusionnel, le dominant-dominé, le conflictuel : ce sont déjà trois aspects de la conscience à travailler. Nous arrivons à une étape du voyage où nous comprenons des choses, nous sommes des êtres de bonne volonté et de conscience désireux de vivre en paix ensemble, désireux de comprendre comment ils peuvent cesser de s'affronter et de s'exploiter mutuellement.

C'est un stade d'espoir où survient un peu d'apaisement.

Dans les trois premiers stades, la relation sexuelle est assez animale, liée à la reproduction, à la compulsion et au fait qu'on a besoin du plaisir pour se décharger de ses tensions. La rencontre sexuelle fait partie d'une hygiène de vie, d'une fonction biologique. Mais dans la sexualité il y a une spiritualité cachée, le meilleur de l'être, que malheureusement pendant des millénaires le jeu de la différence accentuée entre l'homme et la femme, le refoulement du féminin chez l'homme et le refoulement du masculin chez la femme ont négligée pour limiter la rencontre sexuelle à ce qu'elle a de superficiel ; parfois le miracle se produisait mais finissait par s'épuiser, le désir s'émoussait dans le couple.

Pourquoi le désir s'épuise-t-il au quotidien dans le couple ? Est-ce lié au couple lui-même ou à notre façon d'être nous-même ? À quoi faut-il le relier ?

L'homme et la femme éclairés en ont pris conscience, mais ce n'est pas suffisant parce que, derrière leurs bonnes intentions, peuvent encore se cacher des comportements d'exploitants et d'exploités : par exemple, un homme politique qui fait de beaux discours sur la parité des sexes peut mépriser sa femme et parfois devenir violent envers elle. Il y a parfois un décalage énorme entre ce qu'on dit et ce qu'on fait. Dans l'intervalle du quatrième stade, on se rend compte qu'il ne suffit pas de savoir pour agir : comment passer de l'amour du pouvoir au pouvoir de l'amour ? Un enjeu de réalisation personnelle se profile.

*La femme solaire retrouve son masculin,
l'homme lunaire retrouve son féminin*

Dans la cinquième étape, l'homme intègre son féminin et le montre pour la première fois. À notre époque sont en train de se produire des changements qui requièrent toute notre attention car ils vont s'amplifier dans les années à venir. Les pères s'occupent de leurs enfants, les nouveaux amants ont envie de caresser leur femme et pas seulement de la pénétrer, ils privilégient la tendresse, la connaissance de leur compagne, ils aiment son corps mais aussi les autres aspects de sa personnalité. Ils manifestent leurs sentiments, sont capables de dire « Je t'aime ».

Mais cet homme d'hier qui était enfermé dans son masculin, en passant à cet homme d'aujourd'hui qui manifeste de la tendresse, de la sensibilité, de l'humour, qui aime cuisiner, s'occuper des enfants... rencontre parfois une grande difficulté avec son propre masculin ! Il a troqué sa force contre de la douceur, et il est parfois trop doux, trop gentil, trop mou. Quand un homme intègre son féminin, il court un risque : il a une intériorité plus riche, mais il est en crise d'évolution et il se sent dépressif. Je vois arriver en séminaire de tels hommes qui disent : « Moi, je suis trop gentil. C'est comme si j'avais tellement honte de mon passé patriarcal que je n'arrive plus à incarner ma force virile. »

Une nouvelle virilité se construit dans ce cinquième stade : elle s'appuie sur un masculin réinventé, dont la force n'est pas celle du guerrier, homme musclé ou à fric, homme qui frime dans la puissance ou la guerre, mais tient à ses qualités de tendresse, d'ouverture, de cœur et à sa noblesse intérieure.

Au cinquième stade, la femme, elle, voit émerger son masculin : elle n'est pas soumise, elle assume sa créativité, elle prend des risques, elle travaille, elle est insérée dans le tissu social, elle gagne de l'argent, elle prend du pouvoir, elle ose être elle-même. Elle offre un visage de réalisation que n'avaient ni la femme soumise, ni la femme révoltée et conflictuelle, ni la femme éclairée intelligente mais impuissante, ni même la Déesse-Mère du premier rayon.

Au cinquième stade, la femme est forte mais le risque surgit : comment va-t-elle réagir face à un mari doux et tendre ? Est-ce qu'elle ne va pas à son tour le dominer ? Est-ce que le problème d'hier, homme dominant-femme dominée, ne va pas réapparaître sous une forme inversée aujourd'hui ?

Il est des femmes pour se plaindre que l'homme n'est pas assez guerrier, pas capable de prendre des décisions, de gagner assez d'argent, de trouver du travail. Il a une intériorité plus riche et il est en crise par rapport à cet extérieur qui reflète des valeurs guerrières.

Les femmes doivent accepter cette étape : les hommes sont moins combatifs, gagner de l'argent les intéresse moins, ils consacrent plus de temps à l'amour, à la vie familiale, à la vie intime, et peut-être ne faut-il pas trop leur en demander !

Il existe cependant un autre malentendu qui se fait jour : c'est un malentendu sexuel car, à ce stade, les femmes sont conquérantes, désirantes, ce qui parfois déstabilise les hommes. Aujourd'hui, ce sont eux qui se plaignent d'un manque de tendresse et n'ont pas envie de faire l'amour. Ils ne disent pas encore qu'ils ont la migraine mais presque, et on les retrouve de plus en plus dans les cabinets des sexologues... et ce n'est qu'un début !

La femme a contribué à préserver et à faire grandir l'amour au cours des siècles dans notre civilisation. Aujourd'hui ce sont les hommes qui semblent prendre le relais. De plus en plus d'entre eux cultivent finement l'amour, le désir sexuel, retrouvent cette dimension tantrique de l'art d'aimer qui, par un accord subtil des énergies et des relations regard à regard, cœur à cœur, rend le sexe extraordinaire. Au fur et à mesure qu'un homme devient plus authentique avec lui-même, il a une exigence intérieure de rencontre avec l'autre dans la manière de faire l'amour, il devient plus subtil, plus caressant, plus lent et plus plein au niveau de l'être.

Ce potentiel introduit une nouvelle dimension dans

la rencontre de l'homme et de la femme. Tant qu'on est dans le rapport de forces patriarcal, on ne peut avoir que des rapports compulsifs limités au domaine physique et ne touchant guère des plans d'âme. Quand la personne grandit, la rencontre sexuelle se transforme aussi, et il ne s'agit pas d'un artifice, d'une technique, mais d'une qualité de présence.

Le jeu du masculin-féminin et du féminin-masculin

Tous les êtres qui ont évolué à travers les différentes traditions, connaissances ou religions ont fait ce parcours d'intégration du masculin ou du féminin. Jung l'a nommé parcours d'individuation : une femme intègre son masculin intérieur ou animus pour se réaliser, un homme intègre son féminin intérieur ou anima. Ces deux personnes évoluent séparément vers leur complétude. Elles forment un nouveau couple non pas composé de deux moitiés, mais de deux entiers. L'arithmétique en est très différente. Il ne s'agit plus de 1+1 = 1, comme dans le couple fusionnel, ni de 1+1 = 2, comme dans le couple patriarcal, ni de 1+1 = 3, le troisième étant l'enfant ou le nous, mais de 1+1 = 4 : deux polarités rencontrent deux polarités.

Même composés tous deux d'un masculin et d'un féminin, cet homme et cette femme ne se ressemblent pas. L'homme est encore plus profondément homme, il incarne une virilité inspirée ; la femme est encore plus profondément femme parce qu'elle n'est ni servante ni séductrice – et manipulatrice à travers sa séduction –, elle avance vers son propre pouvoir et son cœur aimant.

Le grand risque à venir, dans les générations qui vont

suivre, c'est que les femmes prennent le pouvoir en négligeant le cœur et que les hommes vivent une intuition sans force. Ce n'est pas réglé !

D'autant plus qu'au sixième stade, un autre écueil nous attend. La personne qui a marié harmonieusement son masculin et son féminin sort de la dépendance, elle rencontre l'autonomie : elle jouit d'être ainsi pacifiée, d'être un bon compagnon pour elle-même, elle ne souhaite pas prendre le risque de la rencontre avec l'autre. Certaines femmes ainsi ne sont pas pressées de vivre une histoire d'amour, passionnées par leurs études puis leur carrière. Mais le temps passe. Elles ont quarante ans, il est bien tard pour avoir des enfants, et là se produit une espèce d'effondrement intérieur : qu'est-ce que j'ai fait de ma vie de femme ? Pour que ce piège ne se referme pas nous avons besoin de rester vigilants sur cet écueil de l'autonomie, stade de croissance, stade avancé qui demande de retrouver le chemin de l'amour.

Couple intérieur, couple extérieur en conjugaison

Le retour à un nouveau fusionnel se situe au septième stade qui donne la main au premier, sauf que nous n'avons plus un homme à genoux devant la femme, mais deux êtres capables de s'agenouiller l'un devant l'autre parce qu'ils sont éperdus d'amour. Ils commencent à entendre le chant de leurs âmes.

Cette capacité à ouvrir mutuellement son cœur et son corps est toujours potentiellement présente entre un homme et une femme. Elle est possible pourvu qu'il y ait de la conscience, de l'ouverture qui pousse à s'intéresser à soi, à son couple intérieur. Deux personnes qui sont aliénées font un trajet qui conduit à la guerre ; deux personnes qui ont expérimenté la liberté rencontrent l'amour. Un couple qui réunit les dimensions masculine et féminine chez les deux partenaires entre dans ce paradoxe de l'engagement libre.

Cela ne se fait pas sans difficultés et sans souffrances. Par moments, l'un est plus libre que l'autre et il est difficile d'être toujours dans le même niveau de conscience. L'un avance pendant que l'autre est en pleine régression. Deux personnes évoluent à leur rythme et ne sont pas constamment accordées. Grandir, devenir adulte, c'est aussi savoir faire la part d'ouverture et de fermeture, de solitude et de communication, de communion, et ne pas demander à l'autre ce qu'il ne peut pas donner dans l'instant.

Comme en musique, l'harmonie est une création qui demande du talent, des connaissances, de la disponibilité. C'est une fleur qui a besoin de confiance et de temps pour éclore. Toute ma vie j'apprends à m'approcher un peu plus de l'autre, et ce n'est jamais fini, parfois des moments exceptionnels surgissent, suivis de retours pénibles au conflit ou à la toute-puissance. Ce sont des expériences de tous les jours... Nous tournons encore et encore sur la spirale en usant notre violence et en maîtrisant mieux notre côté destructeur. La roue d'évolution est là pour nous donner l'énergie de l'espoir.

Quand on partage avec quelqu'un, quand on est en amour, il n'y a plus de question à se poser : tout est là, on a l'impression qu'il n'y a plus de temps, plus d'espace, juste cette existence-là, pleine, toute pleine de cette rencontre, et on voudrait que cela ne s'arrête pas. Ressentez que dans la mesure où vous nourrissez subtilement ce possible vous pourrez l'incarner.

« Jeu cruel, jeu pervers, jeu destructeur, l'homme et la femme se perdent, se jaugent, rivalisent, se cherchent, s'attaquent, se détruisent, se trouvent, se séparent, se font mal, inlassables, se rapprochent, s'éloignent tour à tour creusant ou réduisant leur différence, troublés, apprivoisés, exaltés, aimants, ils se cherchent du regard, fusionnent dans l'unité du corps-à-corps, âme à âme, blessés ils se tournent le dos, guerriers de leur propre ombre, ils se retrouvent chacun dans leur propre unité, plus complets, moins dévorants et ils s'ouvrent en confiance sur un chemin de conscience, masculin féminin, féminin masculin, le jeu du double inversé attend le couple éveillé. »

LA ROUE DE LA TRANSFORMATION

Sexualité-spiritualité

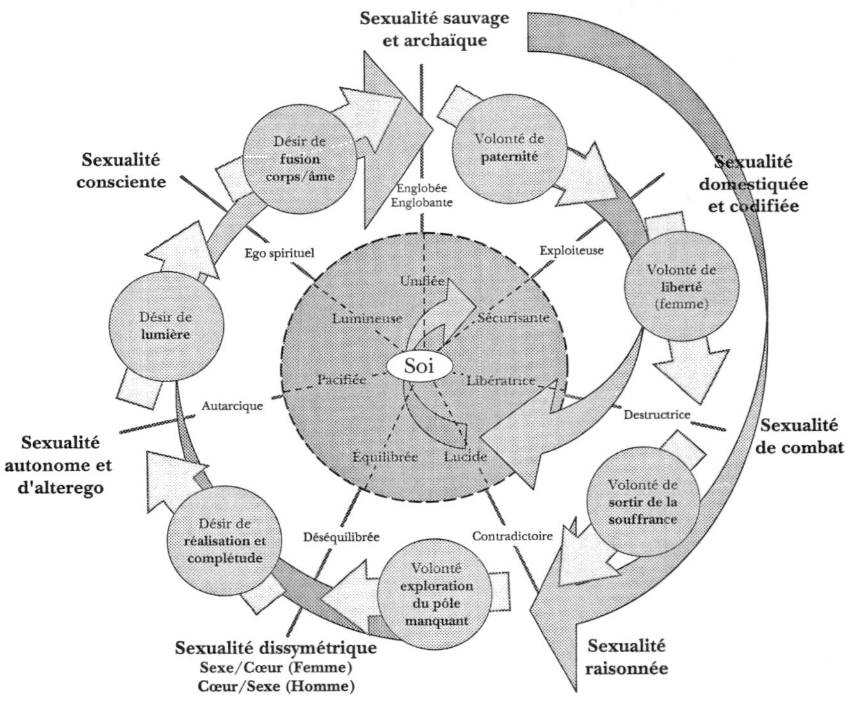

Sexualité et spiritualité

La roue de la transformation

Comment passer d'une sexualité archaïque à une sexualité consciente ?

La sexualité sauvage et archaïque du premier rayon est vécue dans la pulsion reproductrice, un désir qui se passe de mots et de sentiment. Proche du Soi, elle donne accès au sentiment d'unité et loin du Soi elle peut devenir une passion dévorante.

Dans le second rayon, elle évolue dans une forme canalisée, domestiquée et codifiée, toujours au service de la reproduction. Pour devenir des pères, les hommes s'assurent de la fidélité sexuelle de leurs compagnes en les enfermant dans un ordre dit patriarcal. L'avantage est double pour eux : leurs besoins sexuels trouvent à se satisfaire par la possession d'une femme soumise, et les enfants qui naissent ne sauraient être ceux d'un autre. Cette sexualité a des vertus sécurisantes mais la liberté de la femme s'en trouve mutilée.

La dynamique de changement vers le troisième rayon viendra d'elle et de son désir à disposer d'elle-même, de son corps, de ses maternités mais aussi parfois de l'homme, elle se trouve piégée et sans désir dans une structure fermée. Quoi qu'il en soit, le versant destructeur n'est jamais loin, transformant la sexualité en un territoire d'affrontement. Les abus, les viols, le sexe sans amour se situent dans cette dimension.

Pour sortir de la souffrance, la conscience réflexive est appelée à proposer une solution raisonnable, un pacte de non-agression et non-exploitation mutuelle. Pour convaincus que soient les partenaires ils restent souvent addictés à leurs anciens comportements. Un changement plus profond est à opérer pour que le respect gagne du terrain sans perdre le feu du désir.

Les hommes chassaient les femmes, comme dans une histoire de chat et de souris, maintenant au cinquième rayon les rôles s'inversent, mais le jeu montre aussi son absurdité. Chacun fait un retour sur soi et s'aperçoit qu'il doit chercher à l'intérieur ce qu'il cherchait à l'extérieur. La femme se rapproche du sexe et l'homme du cœur. Pour la première fois, la sexualité devient plus autonome. Chacun s'aperçoit que pour une part le désir est chez soi avant de venir de l'autre. Le programme du « s'aimer soi-même » prend sens.

Le désir de réalisation anime la recherche d'une paix intérieure. L'aspect androgyne se développe. La sexualité n'est plus un besoin hurlant mais un épanouissement, elle n'est plus simplement au service de la reproduction, elle manifeste une dimension spirituelle.

Elle devient consciente et lumineuse dans le septième rayon, réconciliant la chair et l'esprit. Ceux qui ont approché cette fusion de deuxième naissance ne l'oublieront plus et tenteront de la retrouver encore dans les tours de spirale suivants.

Le fil du Soi

Il y a un temps pour subir son ego, il y a un temps pour l'affirmer – au cours duquel nous affrontons les autres pour cesser de subir – et il y a un temps pour le dépasser, et ces trois temps se mêlent parfois un peu.

Le propre de la conscience consiste à s'étonner tous les jours de la beauté de l'existence, de ce qui vous entoure, du fait d'être vivant aussi, et à se poser des questions plus profondes, pas au sens mental du terme, au sens de la sensation élargie. À ne pas se laisser engloutir dans les petits détails que demande la survie du quotidien, mais à vivre une forme de conscience plus vaste qui serait présence au mystère d'exister. Là sans doute, dans cette part de moi qui accepte chaque jour de participer à ce mystère, se trouve la racine de la royauté d'un être humain quel que soit son métier, sa position sociale ou économique. On le nomme parfois le surconscient. Mais, au-delà du nommé, cette sensation que nous éprouvons par exemple au bord d'un lac, face au soleil, cette sensation d'être bien présent et en même temps de participer au tout, est une des façons que nous avons de dire que nous nous coulons dans la vibration de l'existence.

Au-delà des croyances, c'est là que se trouve le fond de la réserve spirituelle d'un être, quelles que soient les difficultés qu'il ait à vivre. Ma volonté consciente s'y ressource, réanimée, fortifiée, et j'y puise cette foi qui soulève les montagnes

Je suis centré. Et parce que je suis centré, tout prend sens. La joie n'est pas dehors, l'amour n'est pas dehors, la sérénité n'est pas dehors, la richesse même n'est pas dehors. Elle est d'abord dedans. Et c'est comme si je réalisais cela goutte à goutte, de façon ténue, le fil du Soi... C'est un peu un fil de soie aussi. C'est un tissage – d'ailleurs, *tantra* veut dire tissage.

Et de ce tissage, il naît quoi ? Il naît la joie, la joie profonde, jusqu'à des modalités qui peuvent aller très loin si nous nous y consacrons, jusqu'à l'extase, jusqu'à des moments où nous sommes plongés dans l'ineffable, au-delà de la dualité et de la pensée.

« *Tout désir est toujours un désir du Soi* »

On met longtemps à réaliser ce que veut dire une phrase comme celle-là.

Je désire des choses, je désire des êtres, je désire des réalisations, je désire des actes et pourtant, tout désir est toujours un désir du Soi (à ne pas confondre avec de soi).

La vie est relativement simple dans son principe le plus métaphysique. Mais elle est très compliquée dans tous ses arcanes, surtout quand il s'agit d'aliénation. Nous n'avons pas hérité d'une civilisation collective spirituelle, nous avons hérité d'une propension à l'extériorité et à la consommation. On pourrait dire même que nous sommes programmés, façonnés pour nous perdre dans l'extériorité. À la moindre souffrance, nous y retournons : par la nourriture, par les distractions diverses, par les lectures, par les stages même ou les visites chez le thérapeute. Extériorité, extériorité encore, qui permet de démissionner de ce qui veut venir de l'intérieur.

Mais là encore, il y a plusieurs temps : il y a un temps

pour aller chercher les choses que nous avons l'impression de ne pas connaître, et un temps pour intégrer encore et encore ce que nous savons déjà et le redécouvrir par nous-même. Et le plus important consiste à aller chercher dans le Soi cet élan pour réinterpréter toute cette extériorité dans laquelle nous nous sommes réfugiés. La créativité demande cette appropriation.

Peut-être que le ressort fondamental est dans la joie de vivre. Plus je vais à l'extérieur, plus je me perds. Plus je me perds, moins j'ai de joie de vivre. Moins j'ai de joie de vivre, plus je vais chercher de choses à l'extérieur. Mais tous ces désirs qui me portent vers l'extérieur sont en réalité des manœuvres inconscientes que j'ai de tenter de nourrir mon Soi et de créer des moments de totalité : tout désir est un désir du Soi. Comment puis-je y parvenir ?

Tout dépend de la manière dont je vais vivre ma sexualité. Car la sexualité n'est pas seulement une attirance pour l'autre sexe ou un autre du même sexe, une attirance génitale, la sexualité représente le grand désir d'union au sein d'une exaltation cellulaire et d'une exultation. La sexualité est spirituelle parce qu'elle aspire au tout. Et quand on prend conscience de cette dimension, on est encore plus frappé par la grande coupure que nos civilisations ont opérée entre sexualité et spiritualité.

L'homme et la femme

Nous sommes plus ou moins chrétiens, issus, même si nous ne pratiquons pas, même si nos parents ne pratiquaient pas, d'une tradition judéo-chrétienne. La morale dont nous héritons, toute laïque qu'elle soit, est colorée de judéo-christianisme. Notre manière de vivre et de penser est structurée par rapport à une coupure et à un interdit. Chaque fois que je m'intéresse davantage à la sexualité, je réalise que la libération sexuelle ne peut être que le fruit d'une évolution. Quand nous disons : « Sexuellement, je suis libre », savons-nous de quoi nous parlons ? Quand nous regardons de près nos comportements, nos pudeurs, nos peurs, nous nous rendons compte que dans ce domaine, beaucoup de choses sont cristallisées.

La femme est la tentatrice, c'est elle l'agent diabolique. Si on a diabolisé le sexe, on a aussi diabolisé la chair et la femme. Et l'homme, d'une certaine façon, en sort un peu blanchi en ce sens que, finalement, s'il a fauté, c'est parce qu'une femme l'a tenté. Dans cette identité sombre, les femmes elles-mêmes ne s'aiment pas entre elles. L'un des grands passages pour une femme consiste à apprivoiser l'autre, la mère, la sœur, l'amie. Cesser de la regarder sous son côté « séductrice », « tentatrice », « provocante », « dangereuse ».

Le sexe fait désordre. Donc le désir est dangereux aussi, le désir est désordre. Dans quelle mesure faut-il le canaliser ? Un torrent impétueux peut détruire une région, mais si on canalise, il peut devenir un courant d'eau fertile. Si le désir est un torrent impétueux, qui peut provoquer des dégâts, ne faut-il pas envisager une canalisation pour le rendre fertile ? Mais ne risquons-nous pas d'en assécher la source ? Et la canalisation est-elle un acte qui va aussi dans le sens de la vie ? autrement dit, est-il nécessaire et utile de passer d'une sexualité archaïque à une sexualité consciente ?

La sexualité archaïque

La sexualité archaïque nous met face à un torrent. Si on suivait ce torrent, peut-être que la vie organisée serait dévastée : vivre nos pulsions pourrait nous conduire par exemple à faire l'amour avec des inconnus, homme ou femme. Ce que la sexualité a de sauvage en nous correspond au désir de râler et de jouir. Mais la jouissance n'est-elle pas spirituelle ?

L'orgasme est un moment suspendu, il nous fait sortir de l'écoulement du temps. Et c'est une de ses vertus. Derrière ce désir de râler et de jouir avec quelqu'un, il y a aussi le désir métaphysique, pour chacun d'entre nous, de sortir du temps, de ne faire qu'un avec le tout. C'est un moment de dissolution de l'ego. La sexualité porte cet allègement considérable qui consiste à pouvoir, pendant ne serait-ce que quelques minutes, ressentir l'infini.

La sexualité archaïque est d'une certaine façon proche de la spiritualité. Précisément parce qu'elle est très forte, très ardente, parce qu'elle est presque pure sensation – et cette notion de pure sensation est tantrique par excellence. Mais, entre nous et elle, il y a beaucoup de mental, et c'est une des choses qui ne nous permet pas de rentrer dans toute l'intensité et la pureté de la sensation.

Les cultes de la fertilité, qui étaient reliés à la déesse mère, étaient, eux, basés sur la pure sensation, sur le choc, la surprise – comme le tantrisme : dans les cent douze méditations tantriques, tout est une occasion d'éveil quand on a une attention consciente, pour accéder à ces zones de passage où, brusquement, on sort de la pensée et du temps. C'est la différence avec une spiritualité de croyance, qui a aussi son efficacité : si je crois à certaines entités, si je suis attachée à une figure divine, je crée en moi de l'espace, j'accède à des émotions, à une certaine élévation. Ne confondons pas éveil et élévation...

L'éveil, c'est sortir de la machine à penser.

La sexualité domestiquée

L'ego est un frein, précisément parce qu'il entretient la machine à penser. Sur la roue, nous voyons qu'il y a un temps pour laisser l'ego s'épanouir car nous en avons besoin dans une vie profane. Cet ego nous entraîne vers une sexualité canalisée et domestiquée.

La sexualité, au départ du désir, ne demande pas la durée. Elle veut jouir et râler en changeant de partenaire, ou en gardant le même selon les cas. Mais, dans le deuxième rayon, on s'installe ensemble, on a envie de faire l'amour de manière exclusive et de s'engager. Avec la notion d'engagement, se développe la notion de cœur. Le christianisme notamment nous apporte la notion de personne : il y a une personne unique avec laquelle je veux partager. Désormais, la sexualité est une affaire privée, sélective, il y a l'élu et il y a les autres.

On est très loin du premier archétype. Ce saut important renverse la donnée du problème. Ce n'est plus le désir qui va mener la danse, c'est l'ordre que j'ai décidé, c'est donc bien aussi désormais une raison raisonnante et non plus une résonance. De sauvage et de métaphysique qu'elle était, la sexualité devient l'occasion d'un processus générationnel : le couple représente le pilier de la famille et un nid protecteur pour la croissance des enfants. La sexualité est alors canalisée et domestiquée (le mot domestique est pris dans le sens du quotidien : on vit au quotidien avec quelqu'un, on installe une habitude autour de la sexualité), même si le rêve se poursuit : comment garder la sauvagerie initiale du désir et progresser en sécurité et en confiance ?

Quand vous rencontrez une Lilith pure, c'est-à-dire quelqu'un qui n'a aucune attache, vous vous rendez compte qu'elle rêve d'être une Ève ; et si vous rencontrez une Ève pure, vous verrez qu'elle rêve d'être une Lilith. Pour les hommes, la même dualité se répète : un Don Juan rêve d'être un Tristan fidèle à une seule femme ; et Tristan refoule son désir d'une capacité donjuanesque.

De la sexualité de combat à la sexualité éclairée

Le rapport de forces qui ne manque pas de s'installer dans le couple patriarcal produit une sexualité de combat, de friction : deux personnes qui s'opposent génèrent une énergie qui peut se convertir en sexualité. L'intimité mute son combat à travers le sexe. Si le processus s'instaure, il risque pourtant de s'inverser. Les blessures causent des dommages narcissiques qui empêchent l'érotisation de la relation.

Il peut y avoir même une prise de pouvoir de l'un par l'autre, un refus de sexualité de la part d'un partenaire. La séparation apparaît dans l'horizon de la relation.

La volonté de sortir de la souffrance est un moteur pour parvenir à une sexualité éclairée. Celle-ci a quelque chose de raisonnable, d'apaisant. Chaque partenaire découvre qu'il est responsable en grande partie de son désir et qu'il ne peut pas tout attendre de l'autre, de la situation. Il accepte d'apprendre, de sortir du romantisme de la conception d'une science innée de la sexualité. L'apprentissage de la respiration, des postures, de l'art des caresses, de l'attente dans le désir commence d'une façon un peu extérieure encore, mais l'esprit est ouvert.

De la sexualité archaïque à la sexualité codifiée, s'inscrit la volonté de paternité : si les femmes continuent de n'avoir aucune exclusivité sexuelle, on ne peut pas savoir de qui sont les enfants, mais dans la mesure où s'instaure l'exclusivité, la paternité se construit, la famille est consolidée et sécurisée. Pour chacun, c'est l'assurance qu'il y a quelqu'un pour lui dans la vie. La sexualité éclairée signifie que je suis décidé à faire coopérer mon cerveau droit et mon cerveau gauche, la raison et l'instinct. Je ne sais pas encore comment je vais mener cette coopération, je suis encore dans la contradiction mais, par moments, j'atteins à la lucidité qui me permet d'entrer dans l'apaisement.

Pendant tout le reste du parcours, le chemin du milieu commence à se construire. Les cinq premiers rayons représentent l'exploration de la contradiction. Le dépassement véritable interviendra au sixième et au septième rayon.

Des désirs croisés

Je suis dans mon pôle biologique, mais j'ai une volonté d'exploration du pôle manquant. En tant qu'homme, je suis dans mon identité masculine, dans ce qu'elle a de plus lié au collectif. J'ai un corps d'homme. J'ai appris qu'un homme ne pleure pas. Je suis dans un façonnement qui correspond au moule social et qui m'a été donné à travers l'identité masculine. Mais il y a un moment où l'appel de ma réalisation personnelle intervient. Un homme éclairé, encore relativement solaire dominant, entre dans son pôle lunaire, sa partie féminine.

Et c'est cette exploration du pôle manquant qui amène les hommes et les femmes qui évoluent à avoir une sexualité dissymétrique. Plus l'homme évolue vers sa sensibilité et son côté féminin, éventuellement jusqu'à son creux dépressif dans certains moments, plus il se met en retrait. Alors que la sexualité de la femme devient, elle, plus pénétrante. Sa demande sexuelle se manifeste, alors qu'avant elle subissait plutôt celle de l'homme. Elle devient phallique.

Et il y a des frustrations de part et d'autre puisqu'on ne se comprend plus vraiment. Ce qui peut conduire à une incompatibilité sexuelle.

La dimension du désir de la femme a changé la donne. La femme frigide du patriarcat s'est éloignée, la femme désirante prend en charge son plaisir, elle n'attend plus le prince charmant. Mais, en même temps, elle peut rester prédatrice parce que, quelque part, la peur subsiste. Deux sentiments contradictoires cohabitent en elle : la peur de l'homme comme prédateur, et la fascination de l'homme sensible – c'est cette sensibilité qui la fera évoluer. Symétriquement, chez l'homme, on trouve la peur de la femme comme séductrice et la fascination à l'égard de la finesse féminine. Cet homme et cette femme sont pourtant en route pour vivre une sexualité plus spirituelle.

La Fleur d'or

Qu'est-ce que c'est que le Soi – ce que Jung, à la suite du taoïsme, appelle « la Fleur d'or » ? On ne peut pas vraiment vouloir son éclosion, on peut simplement créer les conditions pour qu'il surgisse. Nous sommes en quelque sorte ses servants. Et cette fleur d'or est la résultante du tissage de la conscience et de l'énergie.

Dans chaque archétype, on a la possibilité de contacter le Soi ; et en tournant sur la roue, on arrive de plus en plus près. De quoi s'agit-il à chaque fois ? De donner des conditions favorables à l'émergence de cette tonalité qui est au cœur d'une inspiration, d'une intuition de sagesse qui gouverne la vie.

S'il y a quelque chose de démocratique dans l'existence, c'est bien ce noyau. Parce qu'il ne tient compte ni de la fortune, ni des hiérarchies, ni des savoirs, c'est un aspect « direct » dans lequel quelqu'un peut basculer sans mérite apparent.

Pour le faire grandir, il n'y a rien d'autre que la pratique de la méditation et du souffle. Certains pratiquent la méditation zen par exemple, très rigoureuse, deux fois par jour. D'autres courent tous les matins. La discipline, du moins sa forme, est d'une certaine façon accessoire, mais elle doit vous convenir, sinon vous ne la pratiquerez pas longtemps. Parce qu'elle doit devenir un plaisir pour éviter que vous vous en lassiez. Il s'agit donc que vous trouviez quelque chose avec lequel vous vous mettiez profondément en accord, que ce soit la marche ou le piano. Un véritable enseignement ne doit pas passer par la contrainte : il doit vous laisser le choix difficile de la liberté. Trop souvent, la société est passée par la rigueur des lois : mais c'est ainsi que le sens se perd. On peut aller à la messe tous les matins et ne pas s'approcher une seconde de son Soi.

Un rituel ne garantit jamais la substance. Pour que la substance continue d'être présente, il faut le feu du désir, et le feu du désir s'alimente au plaisir. Et le tantrisme, c'est un peu cela : l'art d'utiliser chaque chose de la vie à chaque instant toute la journée pour provoquer cette bascule vers la conscience. Manger en conscience, marcher en conscience, dormir en conscience, rêver en conscience... l'art d'utiliser le souffle, le mouvement et l'attention pour laisser surgir ce diamant.

Éros

Qu'est-ce qu'un être qui chaque matin se réveille pour mettre sa journée au service de la conscience et de la joie ? Vous-même, êtes-vous un de ces personnages gris qui se crucifient pour s'adapter à la société ? Est-ce que vous faites passer tous les « je dois » avant le sens du plaisir ? N'oublions pas que nous sommes sur un parcours de libération de l'être. Avez-vous choisi de servir Éros ou Thanatos ?

Pour ne pas être nous aussi des crucifiants et des crucifiés, nous avons à maintenir une présence à Éros, l'érotisation de la vie, l'érotisation de l'être. Un être est d'autant moins dangereux pour lui et pour les autres qu'il poursuit une érotisation de l'être tout au long de sa journée. Il n'y en a pas moins une sorte de haine implacable menée contre l'orgasme depuis des millénaires. Parce que l'orgasme dans son essence rend libre, il fait sortir du temps. Il donne un accès sauvage au Soi.

Aujourd'hui le pouvoir politique est souvent exercé sous le signe de Thanatos par des personnes qui vivent de façon malsaine, destructrice pour leur corps. Car on sait que les pensées viennent de la façon dont le corps est nourri. Une nouvelle hygiène du pouvoir serait un progrès colossal pour l'humanité. Éros déracine les routines : quelqu'un qui est animé par une énergie circulante n'a pas envie de répéter toujours la même chose, il innove, son instinct créateur s'en trouve stimulé. Éros aussi ne s'accorde pas avec ceux qui voudraient posséder l'esprit ; en ce sens il oblige toujours à faire peau neuve, à faire comme si on ne savait rien. Devant le verbe intérieur, le mot meurt.

Lorsque quelqu'un cultive Éros, il accède au moyen premier et suprême de gagner l'unité. C'est une des voies les plus directes pour travailler l'ego, pour parvenir à le dépasser. Nous avons déjà expérimenté le lâcher-prise et l'acceptation des identités négatives. Mais nous avons besoin de la force d'Éros : il nous permet d'envisager de se moquer de l'ego, de le mettre au service du plus vaste. L'amour sort du conditionnel pour aller vers un dépassement.

Éros n'est pas Éros tant qu'il s'agit d'utiliser l'autre pour moins souffrir, pour soulager la lourdeur de vivre. Éros n'est Éros que lorsque deux personnes développent un espace qui n'existe pas en dehors de cette conjonction. Dans l'infinie délicatesse de l'approche de deux corps, de deux êtres, il y a toute la joie et le développement du subtil, toute la patience, le temps, l'attente, le sens de l'attente, la prolongation du désir, la maîtrise du désir.

Le passage à une relation plus consciente et plus lumineuse ne se fait pas en une fois et il y a des régressions. Ce n'est pas grave si nous continuons à garder le cap sur l'unité. Nous savons que nous sommes sur une roue de transformation et que nous progressons. Acceptons nos imperfections. Vouloir la perfection chez un être ou vouloir la sienne ressemble souvent à de la tyrannie. Vouloir que l'autre soit à chaque instant la bonne réponse à sa demande n'est pas possible.

Il y a toujours plus d'Éros que de Thanatos dans le monde sinon il se serait écroulé. Ainsi parle le langage de la confiance dans la conscience.

Exercices pour entretenir Éros

Un exercice fait les yeux bandés qu'on appelle rituel des sens permet d'expérimenter une attention détendue. Bander les yeux supprime un sens : la vue, mais rend les autres encore plus sensibles, notamment l'odorat qui est finalement un sens assez atrophié dans notre monde puisqu'il est le plus instinctif. On le développe dans le sens des bonnes odeurs, mais on ne le développe pas dans le sens de l'être, dans le sens d'être avec.

Qu'est-ce qu'être une odeur ? un goût ? une sensation de toucher, un son ? Celui qui se livre à ce rituel invente un rythme très créatif en nourrissant chacun de ses sens avec harmonie sans les saturer. À fleur de peau, à fleur du Soi. Il n'y a plus de pensée. La sensation est pure. L'affleurement de la peau révèle la fleur du Soi. De la chair à la vibration, la voie de l'extase.

La pratique de l'une des cent douze méditations tantriques suffit traditionnellement à entrer dans un état bienheureux.

Si on chante le OM, au moment où le m se prolonge, toute la cavité vibre et cette vibration fait monter l'énergie. On écoute encore longtemps le son alors même que physiquement il n'est plus là. La résonance en nous continue. À la fin d'un son prolongé ou d'une note longuement tenue, on goûte une qualité particulière de silence. Il s'agit d'un effet à la fois physique et psychique. Par la puissance de ce vide, on s'abîme dans la vacuité. On ne chante pas le OM comme une prière, on le chante pour déclencher les prémices de l'éveil.

Dans le tantrisme l'état de réalisation n'est pas dans le futur. Il est déjà là, il est en nous de toute éternité, il est la conscience de la nature même de la vie. Cette conscience de la sainteté de la vie correspond à un état d'ouverture et de félicité, de constance et de permanence. Quelque chose qui n'est pas seulement paisible mais qui participe à l'intensité. Un état intérieur à la fois fin et calme et pourtant en mouvement avec une intégration du contradictoire, tendu et détendu. Notre imaginaire peut le recevoir et le créer, il fait partie de cette permanence que nous pouvons installer dans le Soi.

Je suis au service d'Éros, je suis au service de la félicité. Est-ce que je peux cultiver le plus souvent possible dans une journée cette joie intérieure en moi ? Cet état de participation à la félicité qui fait la vie est partout, dans la nature, dans la bouffée de l'existence, à chaque instant.

Le mariage intérieur

Cette joie qui est au cœur des cent douze méditations tantriques, c'est l'union de Shiva et Shakti. Shiva l'homme, Shakti la femme, mais en moi il y a Shiva et Shakti, la conscience et l'énergie, et chaque fois que Shiva et Shakti s'unissent, la félicité surgit.

Notre façon d'aborder la sexualité ne peut pas être séparée du mariage intérieur. La sexualité en nous n'est pas réservée au seul moment de la rencontre avec l'autre mais d'une certaine façon, un peu allégorique, nous faisons l'amour avec l'âme des choses, avec le soleil, avec l'instant, avec la manière dont nous chantons... – et on sait bien que les grands artistes sont tous des gens qui mettent leur énergie sexuelle au service de leur art. Tant qu'un art ne contacte pas cette pulsion, ses tripes, il n'est pas très magnétique quoi que soit cet art.

Dans la conception tantrique, le corps a une importance très grande. Non pas comme le véhiculent faussement les lieux communs : il ne s'agit pas de licence, ni même de sexualité, sinon d'une sexualité consciente. Dans les cent douze méditations tantriques, il n'y a que quelques propositions qui soient d'ordre sexuel, et encore, elles font beaucoup appel à l'imaginaire : se remémorer par exemple les moments où on a été très intensément mobilisé sexuellement avec un homme ou une femme et recréer cet état dans son corps... Le corps n'est pas un objet d'idolâtrie, mais un lieu de réalisation spirituelle : au-delà du corps physique, il y a le corps subtil qui est une source de plaisir, de complétude. Donc notre façon de nous intéresser au corps dépasse de loin la santé et le bien-être. Il est le foyer de « consumation », toutes les expériences sont faites pour alimenter la conscience. Il ne s'agit pas de fuir hors du monde, de se désincarner dans la méditation, mais d'exercer une liberté, une liberté active dans un monde qu'on crée à sa mesure. Le tantrisme introduit à un état qui constitue un ressourcement, un détachement, qui donne une sorte de recul, de distance, et qui permet, si nous le cultivons jour après jour, d'acquérir une force intérieure. On est engagé dans l'action et, en même temps, on est celui qui regarde et cette distance n'est pas schizophrénique. Cette distance est simplement de la sagesse. La sagesse consiste à accepter d'être à la fois celui qui regarde et celui qui agit, parfois celui qui fait le fou, car aucune attitude n'est inacceptable, nous sommes par-delà le bien et le mal actuels, nous sommes dans la consumation des apparences.

Un autre trait caractéristique du tantrisme, c'est l'importance donnée au féminin. Au-delà de la femme réelle, ce qui est adoré, c'est le principe féminin, qui trouve son expression d'une part chez la femme, mais d'autre part aussi chez l'homme à travers sa femme intérieure. Et le tantrique a pour vision de réintégrer le principe masculin et le principe féminin pour la réalisation de l'androgyne en lui, l'androgyne n'étant pas un être asexué mais un être bipolaire : la femme reste féminine en intégrant du masculin et l'homme reste masculin en intégrant du féminin, rien à voir avec l'unisexe décrit par certains sociologues, même si effectivement, dans nos vêtements, dans nos goûts, nous marions davantage les styles et les comportements.

La différence dans le tantrisme ne signe pas l'antagonisme, comme elle a pu le faire pendant longtemps à travers la guerre des sexes, mais la richesse. L'esprit de tolérance veut qu'on accepte que l'autre soit différent au lieu de le critiquer et le considérer comme un ennemi.

Dans le tantrisme, rien n'est interdit : on boit de l'alcool par exemple, mais le danger est signalé, il y a des choses qui peuvent nous dévorer... C'est l'utilisation qu'on fait du poison qui le change en liqueur de vie. Si vous buvez immodérément, vous êtes mangé par le tigre. Chevauchez le tigre et ne vous laissez pas dévorer : contentez-vous de goûter avec plaisir un bon verre.

La conscience du milieu

> « Si tu veux parfaire le corps de diamant sans fuite,
> Réchauffe avec soin la racine de la conscience et de la vie
> Illumine le pays bienheureux qui est toujours proche
> Et fais-y habiter toujours, caché, ton véritable moi. »
>
> Houei Ming King

Tout est objet de conscience, tout est occasion d'exercer sa conscience, de se mesurer à sa liberté. Cette vision fait profondément confiance à la nature humaine et au Soi. Plus un être s'approche du Soi, plus il a de respect pour les autres et pour lui-même. La voie de l'individualisme serait impossible s'il n'y avait pas cette régulation interne de l'être.

L'éducation autrefois agissait en coupant un être comme on coupe les arbres, de manière à les faire pousser d'une certaine façon et qu'ils soient conformes à ce qu'on attendait d'eux dans la société. Pas de désordre. L'émergence de l'individualité que nous vivons à l'heure actuelle dans la société n'a pas fini de se révéler dangereuse, parce qu'elle produit aussi des êtres plus violents, des anarchiques, sur qui la culpabilité ne prend pas. Mais il y a des éléments d'espoir dans la mesure où plus un être évolue vers lui-même, plus il peut devenir ce qu'on pourrait appeler un véritable être humain, quelqu'un qui a du respect et de la compassion pour lui-même et pour l'autre.

L'esprit du tantrisme correspond à cette conscience de soi et de l'autre, cette attention dirigée vers le subtil. Pour méditer face à face, avant de faire l'amour, il faut être affiné, intérieurement, ce n'est pas du comportemental. Développer la sensibilité, la subtilité de la sensibilité conduit les deux partenaires à une élévation.

Respirez ensemble. Si vous arrivez à trouver un partenaire qui n'a pas peur de cette pratique, vous allez démultiplier les sensations et la beauté de la rencontre.

Commencez simplement. Comme toujours il ne s'agit que de commencer. Pas avec de grands objectifs, mais au début juste de petites pratiques, tranquilles, dans le souffle, la méditation, et la façon de bouger. Nous pouvons entretenir l'énergie à l'intérieur de nous et la faire monter dans notre corps. C'est le préalable à tout.

N'attendez pas de votre partenaire qu'il vous donne ce que vous ne savez pas obtenir avec vous-même et, si finalement votre rencontre sexuelle n'est pas aussi ardente et réussie que vous le souhaitiez, vous avez toujours la possibilité de continuer à vous développer à l'intérieur de vous, et c'est d'ailleurs ce qui est peut-être le plus remarquable dans le tantrisme. Vous êtes en face de votre responsabilité par rapport au plaisir, à la jouissance et à la félicité. Vous n'êtes plus des êtres quémandeurs, mendiants, vis-à-vis de l'autre. Ce qui n'empêche pas évidemment une sexualité de partage. Mais la qualité de la relation sexuelle dépend d'abord de soi-même et de notre sensibilité et de l'affinement de notre sensibilité. Nous attirerons ainsi à nous des êtres qui sont en résonance avec ce que nous sommes.

La bipolarité des êtres vivants

Jamal était un guerrier, presque surnaturel. Il passait au travers de tous les dangers, il n'était jamais tué quels que soient les risques qu'il prenait. Les autres commençaient à l'aduler comme une espèce de dieu. Il était véritablement invincible et il éprouvait un plaisir fou à cette puissance guerrière. Et puis, il rencontra une princesse prêtresse qui lui ouvrit d'autres mondes et notamment celui du subtil, de l'invisible. Il commença à vivre auprès d'elle. Peu à peu il se transforma.

Vint un moment où les siens durent livrer une grande bataille et c'est alors qu'il chevaucha son tigre.

Il avait une envie folle de courir vers ses amis pour aller se battre avec eux, toutes ses cellules se souvenaient combien c'était bon de guerroyer. Il avait le choix, il pouvait enfiler ses bottes et partir. Mais il ressentait cette autre réalité de paix qu'il avait expérimentée, vécue, comprise, et son engagement dans cette dimension de prêtrise qui s'était révélée à lui, beaucoup plus féminine. Il résista à cet appel du guerrier en lui et à ce moment il bascula, il était devenu un être de paix.

On vit tous des moments où on est conduit à choisir ses valeurs. Parfois la solitude est la condition *sine qua non* du passage, l'acquisition de la dimension féminine ou de la dimension masculine nécessite un sevrage de relation. Ce n'est pas qu'on le veut, mais « ça se fait » car il est parfois difficile d'être avec quelqu'un sans se pencher vers lui, et on se sert souvent de l'autre pour ne pas se trouver.

Mais, au fur et à mesure que l'être se dépolarise, qu'il accède à sa dimension androgyne, son âme naît du double. Cette bipolarité actif-réceptif nous aide à faire évoluer nos relations et nous rend beaucoup plus créatifs. Un cran plus loin, nous rencontrons la sagesse.

L'acceptation de l'ombre

En Occident, la culture est encore gouvernée par des gens éclairés qui ne font pas ce qu'ils disent parce qu'ils vivent en pleine méconnaissance de leur ombre, tout en cultivant une supériorité esthétique qui se plaît à prôner le doute et l'incertitude et parfois le parfum des contraires.

« [Chez l'homme primitif], l'inconscient est projeté

dans l'objet et l'objet introjecté dans le sujet, c'est-à-dire rendu psychologique. Alors les plantes et les animaux se comportent comme des humains, et les humains sont à la fois eux-mêmes et des animaux, et tout est animé par les esprits et les dieux. L'homme civilisé se croit naturellement bien au-dessus de tout cela. Mais à la place il est bien souvent identifié toute sa vie à ses parents ; il est identique à ses affects et à ses préjugés et il taxe effrontément les autres de ce qu'il ne veut pas voir en lui-même. En fait il possède encore un reste d'inconscience primitive, c'est-à-dire d'absence de différenciation entre le sujet et l'objet. Il n'utilise plus les sachets de médecine, les amulettes et les sacrifices d'animaux, mais les sédatifs, les névroses, le “progrès”, le culte de la volonté et ainsi de suite.

« Toutefois s'il parvient à discerner que l'inconscient est une grandeur déterminante auprès du conscient et à vivre de manière à tenir compte, dans la mesure des possibilités, des exigences conscientes et inconscientes, c'est-à-dire instinctives, le centre de gravitation de la personnalité totale n'est plus le moi, qui est simplement le centre du conscient, mais une sorte de point virtuel situé entre le conscient et l'inconscient que l'on pourrait désigner du nom de Soi » (Jung).

Aux stades androgyne et éveillé, l'individu ne refuse plus sa part d'ombre, l'Éros et l'intuition ont repris leur place aux côtés de l'intellect. Les pôles du lumineux et de l'obscur sont mis en mouvement circulaire. La clarté alterne avec l'obscur. Nous entrons d'une part dans la pacification, d'autre part dans l'unification.

Vivre dans le Soi nous apporte une nouvelle liberté. Le « je vis » devient « cela me vit ». Ce sentiment de réalisation nous rapproche de la beauté de la nature. L'être devient de plus en plus sensible au langage de la nature, il a besoin de s'immerger dans de longues promenades, il découvre les vertus de la marche. L'épanouissement de l'être se poursuit du cinquième au septième archétype. Le oui à la vie s'approfondit, l'acceptation devient une expérience mystique. Un autre niveau de conscience s'expérimente au quotidien, les valeurs changent.

Les comportements se modifient. La personne devient créative non plus à partir de l'intensité de son désespoir mais à partir de ses émotions positives : un sentiment d'allégresse, de liberté intérieure, d'espace, de centrage, d'alignement, accompagnés de paix, d'harmonie, de joie, de bien-être. Tous ces mots sont des déclinaisons d'un même positionnement intérieur. L'être se sent libre et responsable de la conduite de sa vie. Sa confiance en soi et dans la vie se fortifie. Nous savons que nous pouvons faire face aux épreuves et les tourner à notre avantage. La créativité en nous a ainsi l'occasion de se développer constamment. La référence constante au Soi donne le sentiment d'une certitude, d'une sécurité. Ce Soi est comme un guide lumineux, la partie sage de nous-même à laquelle nous avons maintenant le réflexe de nous adresser au lieu d'attendre des solutions du monde extérieur.

La manière dont le masculin et le féminin, l'actif et le réceptif se marie en nous apporte des éléments de plénitude et de réalisation. Nous cessons définitivement d'être vide et tourné vers l'extérieur. Le Soi pouvait déjà être contacté dans les cinq premiers archétypes mais dans les archétypes six et sept il prend de plus en plus d'importance. La volonté de la personnalité et celle du Soi s'harmonisent. Mettre le Soi au cœur de son besoin.

L'éveil de l'être

La dimension spirituelle est cette lumière et cette puissance qui viennent du Soi. Elle prend de plus en plus de place, elle inspire les choix, elle redimensionne la vie, elle l'allège. Nous devenons le Soi et nous en sommes conscients.

L'éveil de l'être trouve pour se dire d'autres mots comme illumination, satori, ouverture du troisième œil, ouverture du chakra couronne. Il s'agit là d'états ponctuels même s'ils sont décisifs, inoubliables, même s'ils influencent définitivement tout le reste de l'existence. Mais ensuite commence le travail d'intégration. Cette lumière de l'instant, cet éveil se diffuse en sagesse, tente de s'inscrire toujours davantage et de favoriser sa manifestation. La mise en luminosité de l'être est une aventure à part entière.

Il y a une ombre à cette lumière. L'autonomie du sixième archétype, au fur et à mesure qu'elle s'éloigne du Soi vers la périphérie, peut devenir une forme d'autosuffisance, une manière de s'isoler et de ne plus prendre de risques. Des hommes et des femmes qui ont fait un travail d'évolution se trouvent ainsi célibataires et solitaires malgré eux à cause de leur niveau d'exigence et de leur crainte de perdre une paix si difficilement acquise pendant la traversée des autres archétypes.

Mais, en se débarrassant de la culpabilité et de la critique, on cesse de culpabiliser les autres, de les manipuler, de vouloir les changer, on découvre de nouvelles relations plus légères et plus joyeuses. Chacun se sentant responsable de ce qui se passe, chacun acceptant de se remettre en cause, les projections sont sous haute surveillance. L'intimité s'approfondit dans la confiance. Chacun est en mesure de communiquer ses besoins clairement, non pas en considérant que tout lui est dû mais en sachant que l'autre reste libre ou non d'y répondre. Le respect de l'autre prend de plus en plus son sens au fur et à mesure que nous nous dégageons des systèmes de projection. Beaucoup de gens sont ainsi émerveillés de pouvoir améliorer leurs relations avec leur entourage, même si dans le couple parfois la relation de corps continue de soulever de la passion, de la vulnérabilité et des blessures. Une autre ombre se dessine dans le septième archétype. C'est le gourou qui fait tourner les êtres autour de lui au lieu de les renvoyer à leur pouvoir. Un développement énergétique réel peut s'accompagner d'un ego spirituel qui fait déraper des comportements. L'équilibre entre la puissance et la conscience est toujours à surveiller et le pouvoir charismatique est un tigre difficile à chevaucher. En positif dans ces sixième et septième rayons la réalisation de soi se caractérise par la faculté de s'abandonner à la vie, de cesser de lui résister. Cesser de résister à vivre, c'est d'abord respirer consciemment des dizaines de fois dans la journée, revenir à une respiration consciente et jouir de son entièreté. L'acceptation de tout ce qui est là n'est ni une soumission ni une passivité, elle donne le pouvoir de créer une réponse intelligente. Nous savons que, dans certaines situations limites, lorsque nous apprenons que nous avons une grave maladie, qu'un de nos proches va mourir, nous avons parfois une réaction de refus, un sentiment d'injustice, nous développons de la colère, de l'agressivité. Mais peu à peu le sentiment d'acceptation prend sa place : plus nous sommes conscients du processus et plus nous pouvons raccourcir ce temps de résistance douloureuse. Cette même capacité nous permet de nous abandonner aux moments joyeux, de rire, de jouir, de s'ouvrir à l'extase.

La douceur intérieure est aussi une permanence de l'être conscient. Elle s'exprime dans la qualité de la voix, dans des inflexions, elle est de l'amour vivant et elle s'échange parfois de manière impromptue entre des êtres qui ne se sont jamais vus, notamment au téléphone. Tout se passe comme si les êtres manquaient d'une autorisation pour se donner à eux-mêmes ce qu'ils donnent si généreusement à des étrangers. Et ils seront beaucoup plus retenus, plus pudiques avec leurs proches. Un être qui est en harmonie avec ses deux polarités masculine et féminine nourrit cette douceur, cet Éros spirituel qui n'ose pas toujours se manifester à l'extérieur.

La matérialisation et la dématérialisation sont deux dimensions complémentaires dans lesquelles l'être inspiré par le Soi peut s'épanouir. D'une part il développe sa force intérieure par l'écoute intérieure, la méditation, le centrage, la respiration, l'attention à son corps et l'entretien de son niveau énergétique, l'entretien de sa vitalité et de sa santé. D'autre part il réalise ce qui lui semble juste et ses créations contribuent aussi à sa force intérieure.

Au sein de cet éveil intervient le fusionnel de deuxième naissance, la capacité à s'ouvrir à la rencontre amoureuse, divine ou humaine.

Le chant des possibles

Le chemin de la réussite est la connaissance et la réalisation de la troisième voie.

Depuis que j'appuie ma réflexion sur le chiffre trois, je ne peux plus développer un seul pôle. Le mot fin évoque aussitôt son contraire, le début, la naissance, et la recherche d'un troisième terme, d'une voie du milieu qui serait mouvement et processus continu. Et c'est bien ce troisième terme qui germe en moi. Quel est cet inéluctable trajet qui me conduit et que j'effectue entre le lourd et le léger, vers la grâce de vivre ? Quelle est cette quête qui se déchiffre, qui se désigne, qui trace des signes, que je découvre et redécouvre inlassablement pour les incarner toujours plus en conscience ? Le début de ce siècle m'invite à découvrir le sens qui se joue en filigrane dans l'accouchement de l'individu à lui-même, le sens qui se joue pour moi dans l'approche de mon humanité.

Le livre des possibilités

Qui se souvient du *Livre des possibilités,* ce livre écrit et dessiné qui fut épuisé en quelques mois et qui n'a jamais été réimprimé ? Il avait été conçu par trois compères, Nicolas Devil, André Bercoff et moi, deux hommes et une femme. Des idées neuves mais aussi des idées vécues. Une somme de connaissances et de travail, mais aussi une grande inspiration. Ce livre des années 1970 a été construit sur le plan du *Yi-King* qui s'appelle aussi le *Livre des transformations.* Notre projet était de raccorder les exaltantes ouvertures que nous formulions à un dessein énergétique plus universel. Sur l'essentiel, je considère qu'en vingt ans ce livre n'a pas pris une ride. Les changements de valeur annoncés sur l'école, la famille, la sexualité, la religion, le travail, l'organisation politique et sociale, sont toujours en train de se frayer un passage dans la société actuelle. Cette première synthèse des possibilités avait pour sous-titre *Tout,* ce qui montre bien l'ambition encyclopédique du projet, le second tome s'intitulait Un = Nu et il était beaucoup plus intériorisé, il nous mettait en cause personnellement. Nous tentions de montrer vers quels engagements cette exploration des valeurs de changement nous avait menés les uns et les autres. Le troisième tome presque entièrement rédigé par Nicolas Devil et beaucoup plus sociologique sous-titrait : *Nous.* Je retiens surtout ces sous-titres car ils sont prophétiques à leur manière. *Tout, Nu* et *Nous.* Nos changements ne suivent-ils pas toujours ce parcours ? Depuis des millénaires l'humanité cherche la paix, formule de grands idéaux qui s'incarnent dans l'authenticité de quelques êtres avant de tenter de s'infuser dans le tissu social du *Nous.* Les graines de changement qui se sont semées dans les années 1970 en France ont donné naissance à deux pousses bien distinctes : ceux qui se sont lancés dans l'action politique, écologique, économique, les plantes du *Nous,* et ceux qui se sont cantonnés dans leur sphère privée ou qui se sont consacrés à une vie plus intériorisée, les plantes de l'*Un.* Il reste peut-être une conjugaison à faire entre ces *Nous* et ces *Un* pour qu'un redimensionnement social puisse éclore.

Mais où allons-nous ?

Je crois que nous sortons lentement mais sûrement de l'esclavage extérieur et intérieur de l'exploitation de l'homme sur l'homme et de l'homme sur la femme et les enfants. Les esclavages extérieurs sont en passe de se résoudre, du moins dans les pays occidentaux, mais les esclavages intérieurs sont encore majoritairement à l'œuvre. Toutes les grandes idéologies, bien repérables au fait qu'elles se terminent par des « ismes » constituent autant de mystifications qui s'imposent de l'extérieur à l'individu pour penser à sa place et pour panser sa blessure, celle de naître et de mourir à la recherche d'un sens.

Or tout individu ne naît à lui-même et à sa maîtrise que dans la mesure ou il découvre qu'il peut penser par lui-même, inventer ou réinventer ses valeurs, redécouvrir sa verticale et son horizontale, son profane et son sacré, et le centre de rencontre du cœur. L'esclavage intérieur est fait de l'intériorisation du dialogue dominant-dominé et d'abord de la relation parent-enfant. Nous sommes à nous-même notre propre tyran par intériorisation de la voix parentale : « Tu dois être un enfant bien, une personne bien, c'est mal de... » Que ne ferions-nous pas pour être du côté du bien et pour laisser le mal à l'autre ?

Car nous sommes aussi cet enfant très sensible qui se blesse et se recroqueville, qui se blesse et se révolte sous les injonctions et qui continue de tenter de préserver la notion de plaisir. Le troisième terme naît de la connaissance de ces deux pôles et d'une mise en œuvre de coopération.

Nous cherchons la sortie de l'exploitation de la société sur l'individu, de l'état sur l'individu, de l'esprit sur le corps, du tyran intérieur sur l'enfant intérieur en chacun, nous cherchons la coopération entre le corps et l'esprit, entre l'individu et la société, entre le tyran et l'enfant en chacun. Cette coopération est une entreprise de développement de conscience. Quand nos structures sociales permettront-elles de faciliter la libération de l'être au lieu de l'asservir et de l'abrutir ? Quand le plaisir du jeu l'emportera-t-il sur le combat des Je ?

Une hygiène du pouvoir

Le chemin de libération semble inéluctable. Quand on considère le développement des civilisations, tout se passe comme si nous nous appliquions toujours, collectivement et individuellement, à explorer un pôle et son contraire avant de tenter la voie du milieu, du moins si nous n'avons pas brûlé déjà toutes nos réserves d'énergie en nous bloquant dans un pôle ou dans un autre. Sous le joug de la peur et de la violence nous sommes dominants ou dominés avant de trouver parfois la voie de la coopération. Quelques dominants ont régné par la force, par la richesse, par la séduction et la persuasion sur une grande masse d'esclaves. Les dominants ont augmenté, les esclaves ont perduré, moins nombreux mais toujours aussi exploités. L'asservissement a pourtant progressivement changé de visage depuis l'ère industrielle, il ne passe plus par les armes mais par la consommation. L'entreprise est subtile et insidieuse. La manipulation des désirs crée une course en avant pour la possession des objets et dépossède l'être de sa richesse intérieure, de sa créativité libératrice, de sa force d'expression de soi. Plus j'achète et moins je crée. Plus j'achète et plus j'ai besoin d'acheter, plus j'ai besoin d'acheter et plus je m'enchaîne au travail qui est ma source d'argent, plus je m'enchaîne au travail et plus j'ai besoin d'acheter, etc.

Pour banal qu'il soit, ce propos a besoin d'être compris et recompris encore, parce qu'il est comme une maladie collective rampante toujours susceptible de rattraper ceux qui s'en croient délivrés. L'entreprise de libération individuelle et collective, le dépassement du dominant-dominé, de la pyramide du pouvoir, la réalisation du cercle de coopération restent toujours au centre de la recherche d'évolution. Pouvons-nous imaginer une civilisation de la coopération ? Pouvons-nous imaginer de prendre plus de plaisir à partager et à aimer que de plaisir à dominer ? Il est nécessaire de comprendre qu'en chacun de nous le changement ne se fait que par le report d'un plaisir sur un autre plaisir.

Pouvons-nous imaginer qu'un jour le pouvoir sera une charge reconnue comme telle et exercée à tour de rôle par nécessité et non pas accaparée dans la peur et gardée comme source de plaisir suprême ? Tous ceux qui s'accrochent au pouvoir manquent de cette hygiène interne qu'est la souplesse psychique de se déplacer d'un pôle dans un autre pour parfois trouver la lumière du milieu. Tous ceux qui s'accrochent au pouvoir dissimulent sous des apparences d'efficience une peur profonde et enfantine liée à l'image de soi. Nous sommes aujourd'hui dans une situation où la connaissance de l'être peut apporter une réponse à la fascination et à l'abus du pouvoir. Mais ce qui fait le plus obstacle à son application c'est précisément que tous les pouvoirs sont tenus par des intellectuels bloqués plus ou moins exclusivement dans l'usage du cerveau gauche rationnel. Et la dominance du cerveau gauche sur le cerveau droit culmine dans un scepticisme élégant.

La coopération

La coopération du cerveau droit et du cerveau gauche permet l'accès au plaisir et à l'extase, donc un ressourcement créatif qui n'a plus besoin d'une exploitation de l'autre. J'ai lu avec intérêt un court article de *Libération* qui faisait état d'une expérience menée sur des rats. Quelques rats mâles et deux femelles avaient été placés dans un lieu fermé avec un peu de nourriture. Un rat mâle s'était affirmé comme dominant, s'accaparant le maximum de nourriture. Les autres rats mâles étaient toujours plus maigres, avec des traces de coups et une libido en baisse qui laissait le champ libre au dominant dans la rencontre des femelles. Du Prozac fut distribué à deux rats dominés – le Prozac est une de ces pilules du bonheur utilisées dans le traitement des dépressions. Leur comportement changea rapidement, mais ils ne passèrent pas du statut de soumis à celui de dominant : ils inventèrent un comportement de coopération qui ne les mettait pas en rivalité avec le dominant mais qui leur permettait de manger et de ne pas recevoir de coups.

Je n'incite bien évidemment pas par là à user d'une béquille comme le Prozac. En revanche, on peut voir comment un comportement peut devenir positif pour celui qui se trouve haussé au-dessus de l'inquiétude ou de l'angoisse. Il génère des solutions aisées qui le ressourcent en confiance et en plaisir, etc. Une grande partie de l'action des thérapeutes se situe à ce niveau de restauration de l'image de soi, de la confiance, de l'estime, du droit au plaisir d'être soi. L'amour de soi est un des pôles de libération. Nous avons appris dans notre monde chrétien qu'il fallait aimer les autres mais nous nous n'avons jamais appris comment nous aimer nous-mêmes. Or il se révèle que l'un ne va pas sans l'autre.

Un corps vivant

Les sensations qui viennent du corps sont libératrices quand elles sont écoutées. La qualité d'un plaisir relié à l'un des sens ou à plusieurs dépend de la qualité d'attention, de réceptivité, de passivité active, de détente tendue. Un corps vivant est un corps habité par la conscience. Tout l'amour de soi s'enracine dans la manière de gérer son corps dans la sagesse de l'écoute.

Il est remarquable que les excès de nourriture, de boisson, de tabac ou d'autres drogues moins légales conduisent à un état de dépendance, d'asservissement, d'avilissement, c'est-à-dire de destruction par l'abondance, alors que d'autres gens sur cette planète souffrent d'une destruction par le manque. Entre un pôle et l'autre, c'est toujours le même jeu : pouvons-nous espérer trouver un juste milieu et gérer dans la simplicité une abondance qui deviendrait libératrice parce qu'elle ne signerait pas enchaînement de besoins ? Pour danser la vie, nous avons besoin d'un corps sain, souple, bien nourri mais pas trop, d'un corps en mouvement, d'un corps qui respire consciemment.

C'est tellement simple, mais tellement long à populariser. Lorsque j'étais étudiante en philosophie, je me suis beaucoup intéressée aux travaux sur le corps publiés au début du XXe siècle par les hygiénistes. J'héritais d'une tradition bourguignonne solidement ancrée dans les plaisirs de la table, mais j'étais alertée par l'obésité qui semblait atteindre inexorablement tous les plus de quarante ans, obésité justifiée par l'adage populaire : « Il vaut mieux faire envie que pitié. » Les privations des deux guerres mondiales et même les dernières famines du XIXe siècle n'étaient pas encore très loin, et l'abondance nouvelle des années 1970 permettait à l'épicerie d'un village reculé de disposer d'une profusion de choix en aliments frais ou conservés. Cette abondance n'était pas, n'est toujours pas, vécue dans la sagesse, parce que la frustration du manque marque encore largement les inconscients et entraîne une surconsommation. Là encore, le cercle vicieux ne tarde pas à s'installer. Se remplir de nourriture, c'est mettre en place tous les éléments d'un transfert. Je comble mon vide, mon angoisse, ma peur de vivre, j'amortis les stress, je me donne un corps moins désirable, je me dispense des dangers du sexe et des dangers de l'affectif. Plus je suis frustré dans ma sexualité, plus je vais demander à la nourriture de donner une réponse à mes besoins de sensualité. Plus je grossis, plus je me déteste, plus j'ai des difficultés relationnelles. Il y a là source d'un engrenage qui demande à être pris en compte pour que les jeunes générations puissent s'extraire de cet héritage morbide.

Je suis convaincue qu'une attention et une sagesse dans l'art de se nourrir et de respirer permettent de jouir tout au long de sa vie d'une relative bonne santé et même d'une certaine manière d'être à soi-même son propre médecin. Ce qui signifie se sentir responsable de sa santé : prendre du repos, savoir s'arrêter, respirer, changer de position, s'étirer, boire de l'eau tout au long de la journée pour hydrater la plante que l'on est, prendre le temps aussi de préparer des aliments, de les choisir, de les savourer, prendre le temps de regarder les autres, de les écouter, de les savourer aussi...

Tous les livres de diététique, ou ceux qui ont popularisé l'amaigrissement, n'ont fait que reprendre sous des formes diverses les travaux du début du siècle en les améliorant, en les mettant à la portée de tous. Notamment les travaux de Shelton sur les dissociations alimentaires. Trop de graisses et trop de sucres, nous le savons maintenant, le déséquilibre vient de là, j'ajouterai aussi trop d'anarchie fantaisiste dans la manière de se nourrir, pas assez de vitamines et de sels minéraux dans une vie de stress qui en consomme beaucoup. Il n'en reste pas moins que nous connaissons maintenant très bien les quelques règles d'hygiène de vie qui permettraient à l'ensemble de la population de cesser son infernale course aux médicaments. Quel enchaînement intérieur et extérieur empêche cette transformation ? L'être retraduit son malaise à travers les maladies du corps qui entretiennent à leur tour un mal-être.

Ne nous y trompons pas. C'est par le corps aussi que passent nos aliénations. Un corps coupé de ses désirs, un corps sous-alimenté ou suralimenté, un corps sous-exercé, un corps négligé ou surentraîné, sous-musclé ou sur-musclé. La tradition judéo-chrétienne a largement mis le corps à l'index et cette exclusion fait le jeu de Thanatos, de la pulsion de mort et de destruction qui fascine tout être humain. La restauration d'Éros pour l'ensemble d'une civilisation correspond à l'instauration d'une coopération entre le corps et l'esprit. Nous vivons les uns avec les autres dans une escalade de désordres qui nous entraînent toujours à parer au plus pressé, à vivre dans une fuite en avant qui nous éloigne du présent à nous-même et à notre corps. Pouvons-nous imaginer des humains enracinés dans une force tranquille et douce qui émane de leur présence à eux-mêmes, de leur manière d'habiter leur corps en conscience ?

En un siècle la prise de conscience du lien entre le corps et l'esprit a fait des progrès considérables et ne cesse de se dire, de se pratiquer à travers notamment les arts martiaux ou le yoga, mais il reste encore beaucoup à faire. Si, pour commencer, dès la maternelle, les petits enfants apprenaient à se masser les uns les autres ? Ils découvriraient la merveilleuse douceur qui les habite dans la caresse. Ils apprendraient à mieux s'aimer, et à mieux aimer les autres. Mais pour cela sans doute faut-il que les maîtres aient eux-mêmes appris à se connaître.

Un corps de croyances

Nous habitons immergés au cœur des croyances. Il me semble que nous avons commencé au cours du XXe siècle à nous hausser au-dessus du ciel des croyances, à crever ce chapeau, ce couvercle traditionnellement placé au-dessus de nos têtes. Dès qu'un esprit commence à regarder le monde, débarrassé de ses doctrines et de ses idées, il commence un yoga de l'esprit, il cesse de se piéger lui-même. Tout ce que je sais sur Dieu, l'homme, la femme, la science, l'histoire, la planète, le jardinage, la cuisine, et sur moi-même n'est que croyances plus ou moins anciennes ou nouvelles. J'ai fait mon tri dans l'héritage collectif et familial, scolaire et professionnel ; mon voisin a fait le sien, il n'a pas les mêmes idées que moi. Allons-nous pour autant nous entre-tuer, nous détester, nous ignorer, nous quereller ? Depuis des siècles les humains s'entre-tuent au nom de la vérité. Mais qu'est-ce que la vérité ?

Je crois que nous ne parvenons pas aujourd'hui de manière collective à mesurer réellement le pouvoir des croyances. Nous les subissons, nous vivons sous leur joug, mais nous nous accrochons à elles. Nous ne pouvons pas vivre sans un ensemble d'idées qui constituent nos repères. Mais nous pouvons nous hausser jusqu'à comprendre qu'elles ne sont que nos propres créations. Et il est fascinant de constater à quel point nous vivons ce que nous croyons. Plus j'ai confiance en moi et plus je programme ma réussite. Inversement, plus je suis persuadé de mon incapacité et plus je vais par mes échecs me prouver que j'ai raison. C'est ainsi que la roue de la vie tourne dans un sens positif ou négatif.

J'ai raison. Quelle âpre lutte menée par chacun pour être du côté de la vérité ! J'ai raison, et tu as tort. Tous les conflits grands ou petits se mènent sur cette conviction des deux antagonistes. Dès que l'un des deux peut se déplacer sur le terrain de l'autre et comprendre ses raisons, ou dès que l'un comprend qu'il n'est pas si important d'avoir raison, le conflit a une chance de se muter en accord. Si je cesse de voir le mal dans l'autre, si je l'accepte, je deviens capable d'accepter aussi ma part d'ombre. Et, sans la charge de culpabilité qui pèse sur moi, le soi-disant mal s'effrite.

Le problème de fond qui génère le conflit reste lié à la peur : tu menaces mon bien-être, je choisis mon bien-être contre le tien ; ou, le choix du soumis : tu menaces ma vie, je me mets à ton service pour que tu me la laisses. L'expérimentation de la solution dominant/dominé laisse encore place à une solution de coopération. Cherchons ce qui ménagera nos deux bien-être. Un esprit formé dans cette direction sera créatif dans toute situation. Les idées ne sont pas nos maîtres. Nous pouvons les faire naître et mourir avec aisance. Elles sont à notre service et nous avons le droit d'en changer. La véritable tolérance prend racine dans cette approche de l'humain.

Ce renversement est capital car jusqu'à présent la plupart des humains se sont identifiés à leurs idées au lieu de se mesurer à la vie qu'ils sont capables d'incarner. Cette hauteur de vue, cette souplesse psychique, lorsqu'elle sera généralisée, signera la fin de l'exploitation des croyances par quelques privilégiés. Le XXIe siècle s'achemine sur cette voie.

La connaissance de soi

Connais-toi toi-même et tu connaîtras le monde : la vieille maxime n'est toujours pas devenue un mot d'ordre. Elle devrait pourtant permettre à chacun de se constituer une éthique d'unité. Je est un autre, je est aussi l'autre. J'ai besoin pour apprécier l'autre d'apprendre à m'apprécier tel que je suis, avec ces cheveux-là, ce sexe-là... et savoir que je peux me définir moi-même, sans me laisser tourmenter par les définitions que d'autres donnent de moi : « Maman a dit que, mon frère a dit que... » Certaines vies sont bouleversées par ces sortes de phrases-malédictions prononcées avec légèreté : « Tu ne seras jamais qu'un vaurien... tu es incapable de comprendre... personne ne t'aimera jamais... » On ne commence jamais trop tôt la traversée des croyances négatives.

J'ai besoin d'apprendre à me faire confiance. J'ai besoin de savoir que nous entendons tous un dialogue à l'intérieur de nous avec des voix qui disent des choses différentes et parfois contradictoires, d'apprendre à gérer ces voix-là, à les comprendre, à les situer, à en faire une synthèse, à écouter en moi la sagesse. Je sais que je suis unique, que personne ne sait mieux que moi ce qui est bon pour moi et que je suis dépositaire d'une essence qui est comme le parfum d'une fleur et que je vais peu à peu distiller et découvrir.

Tous les séminaires aujourd'hui convergent vers cette meilleure connaissance de soi et vers l'affirmation pleine du « Je suis ».

Un art de l'être

Il se cherche un art de l'être. La dimension subtile de l'être humain est trop écrasée par une vie valorisée en termes d'extériorité et de matière. L'esclavage de la société actuelle ne se manifeste pas par des chaînes visibles. Il s'est réfugié dans l'importance donnée à toutes les activités matérielles. Il faut travailler sans cesse pour combler la multiplicité des besoins alimentée par le discours des médias et notamment de la télévision qui grignote impitoyablement les derniers territoires laissés au rêve et à la réflexion.

En même temps, un mouvement venu des profondeurs de la société se dessine. De plus en plus de gens s'intéressent à ce qu'ils sont et à ce qu'ils sont capables de devenir. L'individu, la personne et l'intimité sont des valeurs en hausse. Ce qui n'était réservé qu'à quelques esprits libres devient accessible progressivement à un plus grand nombre. Beaucoup de gens continuent à dormir engourdis par les somnifères de l'alcool, de la fatigue, des difficultés et des idées reçues. Mais il y a aussi une émergence et un réveil. Ce n'est pas par l'intellect que les choses bougent, c'est par l'affect. Ceux qui ont hérité par l'éducation d'un fort mal-être, ceux qui ont eu un chagrin d'amour, ceux qui ont perdu un être cher, ceux qui ont une grave maladie, ceux qui ont eu un accident... tous ceux-là, et ils sont légion, ont remis en cause ce qu'ils vivaient, ont cherché à comprendre. Ils se sont arrêtés un moment au moins pour se regarder vivre, ils ont amorcé le mouvement d'un regard sur soi, la distance intérieure qui est au cœur de toute sagesse. Ils ont pris conscience de leur corps, de leur dialogue intérieur, de la guerre qu'ils alimentaient en eux, de la guerre aussi qu'ils livraient à ceux qui les entouraient. L'art de l'être est en plein développement au-delà des traditions, il est possible aujourd'hui d'entendre sa musique par la voix de gens très différents. Il n'y a pas de critère extérieur, mais toute personne qui pénètre sur le chemin du sens, qui s'expose et se remet en question au sein même de ses certitudes et de ses éblouissements a l'occasion d'entrer dans l'énergie, de se fluidifier et de s'élever.

L'art de l'être mériterait de longs développements. Il est toujours en cours de constitution. Il n'est ni zen, ni bouddhique, ni chrétien, ni musulman, ni juif. Au-delà de tous les clivages il atteint à la pureté du vibratoire, il ramène à l'essentiel, il rend plus vivant, plus vibrant, il introduit dans le quotidien le paradoxe de la force et de la douceur.

La perception de la subtilité des choses et des êtres permet de s'approcher les uns des autres dans le respect. L'érotisme prend ainsi des raffinements délicieux. L'art d'aimer avec les corps et avec les cœurs est une des dimensions essentielles de l'art de l'être.

La féminisation de l'être

Il y a une grande fermentation dans le domaine de l'art de l'être, et il est remarquable que la culture de masse officielle ne soupçonne même pas l'importance de la transformation en cours. Dans les années 1970, on parlait de contre-culture, puis l'étiquette « new age » reprise par la presse est venue à la fois récupérer et nier ce qu'il pouvait y avoir là de novateur pour la société. Bien entendu, au-delà des phénomènes de mode, les grands mouvements de fond ont continué d'exister. Les idées de la contre-culture sont toujours en train d'essayer de s'incarner.

Ce sont les femmes qui sont les grandes initiatrices de ce mouvement. Leur émergence se poursuit non plus seulement au niveau d'une affirmation extérieure, mais dans la reconquête de ce que le féminin peut avoir de spécifique dans sa manière d'être au monde.

Qu'est ce qu'une femme qui a contact en elle avec la fierté des grandes Déesses-Mères ? Qu'est-ce qu'une femme qui a traversé son désir de soumission et de domination vis-à-vis de l'homme, qui recontacte la force de son masculin et qui devient créative, qui descend profondément dans sa féminité et qui la protège avec son propre masculin ? Un nouvel archétype féminin est en train de naître sous nos yeux, une femme consciente et rayonnante, enracinée dans son corps et ouverte à l'expansion de l'être, une femme solaire.

Parallèlement, l'identité masculine est en train de basculer, se trouve dans une difficulté de passage. Beaucoup d'hommes ne veulent plus être les guerriers d'hier, les maîtres du monde ou tout simplement les maîtres de leur famille. Ils délaissent les charges et les droits inhérents à ce statut de dominant. Leurs valeurs tournent autour de la sensibilité, de l'amour, de la créativité. Ils sont parfois presque trop gentils au goût des femmes dominantes, parce que la féminisation de leur être s'accompagne d'un affaiblissement, conséquence de l'affaiblissement des femmes elles-mêmes depuis des millénaires. Mais cette nouvelle race d'homme est en voie de spiritualisation. Tous les hommes initiés savent et disent que le passage vers la conscience se fait par un rapprochement avec la féminité de l'être : la robe du prêtre avait aussi ce sens.

Ainsi, me semble-t-il, pour la première fois à grande échelle un homme et une femme sont en train d'évoluer dans leur identité collective. Au niveau de la rencontre du couple, on pourrait dire que cela se retraduit par une nouvelle difficulté parce qu'il y a à nouveau une dissymétrie dominante-dominé qui peut ramener au conflit du couple infernal. C'est dans la mesure où la femme évolue de sa dominance nouvelle à la sagesse amoureuse qu'elle va permettre aussi à l'homme d'évoluer d'une féminité passive à une féminité active. En d'autres termes, Isis peut permettre à Osiris de renaître de son démembrement. Il nous reste à comprendre que l'homme et la femme ont un retournement à opérer dans l'être.

La bipolarisation de l'être

Depuis des millénaires nous vivons, nous expérimentons la dissymétrie entre les pôles masculin et féminin. Le règne de la Déesse-Mère signifiait aussi la dominance de la femme mère. L'apparition du Dieu-Père et la naissance d'un monde guerrier et patriarcal ont instauré une domination de l'homme sur la femme. Nous cherchons toujours l'équilibre entre les deux, une véritable bipolarisation de l'un et de l'autre. La paix de la planète semble liée aussi à cette nouvelle répartition des rôles. Un enfant qui peut valoriser à travers son père et sa mère aussi bien le masculin que le féminin intégrera à l'intérieur de lui un couple équilibré. Son rapport à lui-même s'en trouvera profondément modifié ainsi que sa capacité à s'aimer et à aimer les autres. Un être de structure androgyne équilibré a accès plus spontanément à l'art de l'être.

Le processus d'individuation proposé par Jung n'est pas réservé à une élite. C'est un phénomène global qui se joue sous nos yeux comme une possibilité ouverte. Plus nous l'accompagnerons consciemment, plus nous le rendrons réel. Ainsi la vieille séparation entre le profane et le sacré est en train d'être dépassée par la tentative de créer un troisième terme, une vie inspirée et consciente. Un moi nourri par le Soi. Contrairement à ce que disent et croient les détracteurs d'une connaissance et d'un approfondissement de la vie intérieure, le renforcement du moi ne débouche pas sur un nombrilisme mais sur une capacité à équilibrer l'amour de soi et l'amour des autres. La guérison des blessures conduit à l'éclosion d'une créativité, la richesse des prises de conscience favorise l'ouverture du cœur, la palpitation de l'âme et la perception d'une plus grande subtilité vibratoire. Un nouvel art de se rencontrer et de s'aimer seul, à deux et dans sa constellation affective est en train de naître.

Itinéraire de vie, itinéraire de changement

Commencez par rédiger une liste de toutes les situations que vous désirez modifier dans votre vie.

Encerclez celle que vous désirez le plus changer.

C'est sans doute aussi la plus tenace.

La première démarche part d'une blessure et conduit à la recherche de blessures anciennes avec papa et maman. Je m'occupe de mes blessures et je guéris de mes blessures. Je transforme ma blessure en perle.

Je m'ouvre à la joie de vivre, je découvre le ressenti.

Qu'est-ce que je crois sur moi, sur les autres, sur la vie, sur le monde ?

Je cultive l'estime de moi : « Je n'ai pour me soutenir au-dessus de moi-même que l'image que je me fais de moi » (Montherlant). Est-ce que j'aime qui je suis : mon corps, mon essence, mon histoire ?

Je cesse de juger les autres et d'accorder un crédit total à mes jugements. Je m'ouvre à la tolérance. J'ai de l'ouverture pour d'autres sensibilités, d'autres goûts que les miens.

J'ose m'affirmer, j'ose être différent(e), unique. Je sais que je suis le seul à savoir ce qui est bon pour moi. Je suis heureux(se) d'être moi.

Je ne suis pas coupable. La culpabilité n'existe pas si je ne la cultive pas. Elle est une arme d'oppression.

Je cultive la présence corporelle et énergétique à moi-même ; je cultive la présence au fondement, l'ensemble des muscles entre le périnée et l'anus.

Je ressens l'amour inconditionnel.

Je suis source, je suis la source.

Je pratique l'alignement sexe-cœur-tête, je crée en conscience en m'occupant des pour et des contre.

Je me développe comme un arbre, je m'enracine, je m'élève vers le ciel, je capte le vaste, j'établis un lien entre l'intérieur et l'extérieur.

Je vis dans les trois pôles : créateur, créature et UN, dépendant, indépendant et UN, vulnérable, invulnérable et UN. Créer un état, son contraire et sa mutation.

Je prends conscience de la blessure collective du masculin et de ma propre blessure.
Je prends conscience de la blessure collective du féminin et de ma propre blessure.

Je reconnais en moi l'homme intérieur, la femme intérieure et je les harmonise par un mariage intérieur.

Je prends conscience des regards des autres sur moi, des ombres projetées et de celles que je projette sur les autres. Je contrôle mes projections. Je relativise le bien et le mal.

Je parle à mon critique intérieur.

Je libère l'enfant intérieur joyeux, lumineux.

Je maîtrise les pensées négatives, les croyances défavorables. La décréation agit comme un aspirateur mental.

J'apprends à aimer à partir de l'amour de moi et non à partir du sacrifice de moi.
Je fais passer les autres avec moi et non après moi ou avant moi.

Je respecte mon ego, je le mets en liaison avec le Soi, il devient ego de conscience.

Je change de niveau de conscience, je change de niveau de plaisir.

J'apprends à vivre avec l'énergie de mon corps, je suis attentif au subtil.

J'intègre le moi sauvage, le moi grégaire, le moi puissant, le moi aimant, le moi spirituel.

J'apprends à muter le lourd en léger par la respiration, le mouvement, la danse, le rire, la nourriture, le dialogue avec moi-même, la programmation consciente.

Le Monde est le reflet de ce que je suis.

Je suis le peintre de mes couleurs. Je suis la source de tout ce que je vis, de tout ce que je vois. Je vis dans la bulle de mon filtre mental ; chaque fois que je réussis à rendre plus transparente la vitre qui me sépare du monde je me sens plus unie à lui.

J'apprends à accepter plutôt qu'à résister quand quelque chose de nouveau survient.

J'apprends à vivre sans jugement.

Je découvre que ma nature aime servir, donner.

Dans toute attaque, je reconnais la partie de moi qui a suscité cette épreuve ou cette critique.

Je comprends que ce qui me dérange le plus chez les autres, c'est ce que j'ai en moi et que je ne veux pas voir, ou ce que j'ai mis beaucoup d'énergie à régler, sans le dépasser vraiment.

Je contribue délibérément à changer mon niveau de conscience et à ajuster mes actions sur ce niveau de conscience.

Je me libère de mes émotions négatives : peur, colère, ressentiment, rancune, jalousie, culpabilité...

Je passe d'un agglomérat d'orgueil, de séparation et de négativité à un état d'harmonie, de sérénité, d'intelligence, d'amour. Je suis une chose et son contraire.

Je cultive cette foi et cette sécurité : rien de destructeur ne peut survenir dans ma vie.

Je lâche mes vieilles sécurités, j'ose avancer vers mon Soi. Je ne m'accroche plus à ce qui m'a protégé dans le passé. Je ne m'identifie pas à mon ego limité.

Je cultive la dignité d'oser. Je m'expose pour contacter ce qui est indestructible en moi.

Je me libère de la dramatisation, du scepticisme, du doute, de la jalousie, du sentiment d'injustice.

J'ai conscience que chaque situation peut être transformée en quelque chose de meilleur.

Je m'accepte tel(le) que je suis.

J'ai conscience de ma force intérieure. Je m'ouvre au Soi. La paix, l'harmonie, le bien-être m'accompagnent.

Aphorismes

Changer soi-même, changer sa vie

Est-ce que la vie que vous menez correspond à ce que vous savez au fond de votre cœur ?

À quoi bon courir ? L'important c'est d'être en accord avec son moi intérieur, son âme, de la ressentir et de savoir écarter les pièges qui nous anesthésient.

S'aimer soi-même constitue le pilier du changement de comportement et développe un art de l'acceptation de ce qui est.

Ce que l'on quitte : le somnambulisme, la fuite en avant et une fausse sécurité.
Éloigner sa vie de son point mort. Quitter la transe aveugle.

Ce que l'on trouve : l'ouverture et une vraie sécurité. L'exploration des niveaux de conscience profonds de la nature humaine.

C'est un départ intérieur, un nomadisme sans fin, un changement de conscience qui ne laisse pas de repos, un voyage qui n'est individuel qu'en apparence.

Le propre du créateur est de se donner les moyens de vivre en conscience une expérience aussi large que possible.

Le propre du créateur est de devenir de plus en plus vivant.

La vie est une expérience, il s'agit de rester détendu et de prendre plaisir à cette expérience.

De prise de conscience en prise de conscience nous allons vers toujours plus de clarté intérieure.

Le monde qui m'entoure est façonné par ma conscience et reflète ce moi, à moi-même inconnu.

Ce qui me grandit grandit aussi tous les autres.

Je suis un créateur d'idées, un créateur de formes, un créateur d'univers et le cri originel de ma conscience est : je suis.

Plus j'observe, plus j'élargis ma conscience, plus je juge, plus je la rétrécis.

Puis-je revenir à la source de l'éveil sans limites. Où est mon centre ?

Ma réalité présente est à la fois la projection et l'interprétation de mon mental. Ma vie est comme un film dont je suis à la fois le producteur, le scénariste, le réalisateur, l'agent, la vedette, le critique. Je finance la production, j'en retire les bénéfices, je décide du scénario, je le modifie en cours de route, je dirige le jeu des acteurs, je choisis les lieux et les décors. J'ai besoin de savoir que, si ma vie ne me convient pas, c'est à moi de changer le film.

La réalité vécue par chacun est le reflet de ses idées sur le monde.

Être et définir sa morale. De la morale de l'esclave à la morale du maître. Aimer la liberté, être soi-même cultiver la passion de devenir, accepter une folie lucide, le paradis ici et maintenant, le culte de l'instant, faire de sa vie une œuvre d'art.

Le maître de Nietzsche, le sage d'Orient, le guerrier de Castaneda, le philosophe artiste, l'homme magicien sont autant de visages d'une conscience à la recherche d'elle-même.

Je ne suis pas un autre mais des milliers.

Entendre.
Goûter.
Toucher.
Sentir.
Voir.
Ressentir : préférer le vécu au savoir.
« La seule pensée qui vive est celle qui se maintient à la température de sa propre destruction. » E. Morin.

Les âmes bien nées sont parties à la recherche de nouvelles valeurs à la manière de Diogène cherchant un homme.

Changer ensemble

Des milliers de personnes sont concernées. Nous atteignons la masse critique nécessaire pour soutenir une nouvelle ère d'apprentissages.

Le but de la vie : rechercher une qualité d'humanité, la trouver et la partager.

Le monde de l'entre-deux, le monde intermédiaire entre des valeurs conservatrices de fermeture et des valeurs d'ouverture se prolonge et risque de se prolonger encore.

Vivons en conscience cette période de transition comme une période d'opportunités. Il s'agit d'être confiant et conscient qu'on ne sait pas vraiment ce que réserve la direction que l'on prend. L'âme de l'aventurier n'est pas réservée à quelques têtes brûlées. Nous sommes tous des aventuriers de la vie.

Chacun découvre l'immense plaisir de trouver suffisamment de pièces du puzzle et de connexions pour pouvoir se faire une idée de l'ensemble.

Il y a de la fertilité et de l'excitation dans cette ouverture incertaine, dans cette quête. Allons-nous créer un monde meilleur et plus conscient, allons-nous échapper aux scénarios catastrophes ?

Tout dépend de notre créativité, de notre détermination à nous changer nous-même et à influer sur notre environnement. Tout dépend aussi de notre capacité à jouer des nouveaux atouts de la communication. L'information galopante grignote les pyramides du pouvoir et de l'information. Des réseaux de coopération se développent à une échelle planétaire. Le monde devient de plus en plus interdépendant. Tous les humains aspirent au même niveau de connaissance et de consommation.

La vieille logique perdant-gagnant est en train de perdre du terrain, le conflit ne paraît plus inévitable.

Être créatif aujourd'hui c'est trouver des réponses qui vont dans le sens de la guérison, de l'intégration et non dans le sens du conflit.

Tous les développements ont été principalement motivés par le conflit, pouvons-nous envisager une civilisation et une culture basée sur la richesse des échanges ?

Les risques de crise nucléaire et écologique nous amènent simultanément à une nuit collective de l'esprit et à une lumière collective de l'esprit. Nous construisons planétairement une nouvelle vision du monde. Nous intégrons une communauté humaine plus mûre et plus responsable.

En construisant une vision pour l'avenir nous permettons déjà à cet avenir de naître.

Individuellement nous brûlons du désir de respirer librement et nous savons déjà que cette liberté peut se partager.

Nous le savons : l'exploitation n'est pas la solution, je ne peux vivre libre en marchant sur ton dos d'esclave.

Nous le savons : le conflit n'est pas la solution, il y a assez de richesse pour que nous puissions partager au lieu de combattre.

Nous le savons : la connaissance et l'amour sont la solution.

Nous le savons : l'être nous cherche dans le mystère.

Les créateurs de vie incarnent une authenticité personnelle, expriment leur propre ressenti, redéfinissent leurs priorités et leurs goûts, tentent de mener des actions justes à chaque instant.

Changer ensemble c'est :

– une aventure de l'esprit pour changer de valeur et changer sa manière de penser ;

– cultiver la logique du paradoxal ou la logique de la complexité ou l'art de vivre le relatif ;

– accepter dans les faits la coexistence des formes et des comportements ; la coopération des opposés ; l'analytique et le global ; une chose et son contraire ; la logique du contradictoire ;

– la fin de la vérité ; l'esprit de corps ; l'esprit planétaire.

Unifier le « nous ». Développer en soi la conscience universelle.

Le multiculturalisme : nous portons désormais toutes les cultures et tous les visages du monde dans nos manières de vivre et cette appropriation crée une nouvelle morale.

Peut-on récupérer la folie et le sexe et les faire passer de Thanatos à Éros, du désordre, de la destruction, à la jouissance, au plaisir constructif. Y a-t-il une mutation par les sens ? Nous jouons simultanément avec les dimensions diaboliques et angéliques de l'âme humaine, dans la tragi-comédie planétaire.

Une civilisation planétaire est nomade. La vie quotidienne est un théâtre. Nous sommes dans les années spectacles et les années éthiques. La société civile reprend du pouvoir et accompagne la révolution électronique.

À l'histoire des peuples succède l'histoire des individus.

Développer sa responsabilité personnelle dans son environnement. Les micro-solidarités, l'égotisme écologique, le moi-nous qui crée des réseaux, la révolution culturelle du désir et des désirs singuliers, tout contribue à l'ouverture.

Table

SUBIR SA VIE

CRÉER SA VIE

Paule Salomon anime en France, Suisse et Belgique différents stages toute l'année.

Le stage « Créateur » est destiné à apporter une connaissance de soi, une joie de vivre, une capacité à dédramatiser, un développement du pouvoir créateur et de l'imagination.

« Femme Solaire », réservé aux femmes, est une expérience profonde pour dépasser la blessure culturelle transmise de mère en fille, pour développer le masculin intérieur et le rayonnement de l'être.

« Homme Lunaire », réservé aux hommes, permet une intégration harmonieuse du féminin intérieur et le développement d'une nouvelle virilité.

« Femme Solaire, Homme Lunaire » concerne l'apprentis sage tantrique de l'art d'aimer ainsi que « Carpe Diem », éveil des cinq sens.

Une formation sur deux ans, pour devenir « Rebirther et Intervenant en développement personnel », est proposée aux psychothérapeutes.

Paule Salomon
BP 6
06530 Cabris

Pour tous renseignements sur les dates, email :
secretariat@paulesalomon.org
Site : www:/paulesalomon.org

Composition Nord Compo
Impression BCI, septembre 2004
Editions Albin Michel
22, rue Huyghens, 75014 Paris
www.albin-michel.fr
ISBN 2-226-15164-8
N° d'édition : 22704. – N° d'impression : 043789/4.
Dépôt légal : octobre 2004.
Imprimé en France.